入门篇

儿童象棋

轻松学

爱林博悦　编著

人民邮电出版社

北京

图书在版编目（CIP）数据

儿童象棋轻松学. 入门篇 / 爱林博悦编著. -- 北京：
人民邮电出版社，2024.3
ISBN 978-7-115-63427-6

Ⅰ. ①儿… Ⅱ. ①爱… Ⅲ. ①中国象棋－儿童读物
Ⅳ. ①G891.2-49

中国国家版本馆CIP数据核字(2024)第006362号

免 责 声 明

内 容 提 要

象棋起源于中国，是一种古老而有趣的棋类运动，对局时两人轮流各走一步棋，以"将死"或"困毙"对方帅（将）为胜利的目标。

本书是一本象棋入门教程，适合儿童青少年阅读与学习。全书以小棋手对局为主线，共安排了 16 课，主要包括战前准备、军事训练、行动指令和作战术语、作战演练、兵力调遣和部署，以及各兵种的作战法和兵种之间的组合作战法。

本书的教学原则是由易到难，模拟小棋手对局的情境编写文字，为小棋手们提供新颖、轻松的阅读与学习体验。

◆ 编　　著　爱林博悦
　　责任编辑　林振英
　　责任印制　彭志环

◆ 人民邮电出版社出版发行　　北京市丰台区成寿寺路 11 号
　　邮编　100164　电子邮件　315@ptpress.com.cn
　　网址　https://www.ptpress.com.cn
　　北京天宇星印刷厂印刷

◆ 开本：700×1000　1/16
　　印张：10　　　　　　　　　2024 年 3 月第 1 版
　　字数：157 千字　　　　　　2024 年 3 月北京第 1 次印刷

定价：29.80 元

读者服务热线：(010)81055296　印装质量热线：(010)81055316
反盗版热线：(010)81055315
广告经营许可证：京东市监广登字 20170147 号

目录

第1课　战前准备 ·· 1

第1节　勘察阵地 ·· 2

第2节　点兵点将 ·· 6

第3节　安营扎寨 ·· 9

第2课　军事训练 ··· 11

第1节　坐镇指挥部的帅和将 ······································ 12

第2节　勇往直前的兵和卒 ·· 15

第3节　远程战力——炮 ·· 17

第4节　最强战力——车 ·· 20

第5节　机动战力——马 ·· 23

第6节　阵营防御——相和象 ······································ 27

第7节　指挥部防御——仕和士 ···································· 32

第3课　行动指令和作战术语 ·································· 37

第1节　行动指令 ·· 38

第2节　作战术语 ·· 42

第4课　作战演练 ··· 47

第1节　基本规则 ·· 48

第2节　胜负、和 ·· 51

第3节　互相守护 ·· 54

第5课　兵力调遣和部署 57

第1节　棋子的威力 58
第2节　兵力调遣要点 62
第3节　兵力部署要点 66
第4节　走棋的有效性 69

第6课　指挥官的作战法——对面笑 73

第1节　作战图 74
第2节　攻方策略 75
第3节　守方策略 79

第7课　双炮的作战法——重炮 83

第1节　作战图 84
第2节　攻方策略 86
第3节　守方策略 89

第8课　炮的作战法——闷宫 91

第1节　作战图 92
第2节　攻方策略 93
第3节　守方策略 96

第9课　双车的作战法——双车错 99

第1节　作战图 100
第2节　攻方策略 101
第3节　守方策略 108

第10课　双马的作战法——双马饮泉 ·············· 111

第1节　作战图 ·············· 112

第2节　攻方策略 ·············· 114

第3节　守方策略 ·············· 115

第11课　车马的作战法——卧槽马 ·············· 117

第1节　作战图 ·············· 118

第2节　攻方策略 ·············· 119

第3节　守方策略 ·············· 121

第12课　车马的作战法——挂角马 ·············· 123

第1节　作战图 ·············· 124

第2节　攻方策略 ·············· 125

第3节　守方策略 ·············· 127

第13课　车马的作战法——钓鱼马 ·············· 129

第1节　作战图 ·············· 130

第2节　攻方策略 ·············· 131

第3节　守方策略 ·············· 133

第14课　马炮的作战法——马后炮 ·············· 135

第1节　作战图 ·············· 136

第2节　攻方策略 ·············· 137

第3节　守方策略 ·············· 139

第15课　车炮的作战法——铁门闩 ·········· 141

第1节　作战图 ·········· 142

第2节　攻方策略 ·········· 143

第3节　守方策略 ·········· 145

第16课　天地炮的组合作战法 ·········· 147

第1节　作战图 ·········· 148

第2节　攻方策略 ·········· 149

第3节　守方策略 ·········· 151

扫码添加企业微信，回复关键词【63427】
即可获得书中练习的参考答案
帮助您检验学习成果、提升学习效率

第 1 课
战前准备

　　小棋手，你准备好迎接挑战了吗？棋盘就是我们的超级酷炫游戏阵地，而棋子就是我们的小小士兵！要想享受到下象棋的乐趣，首先要熟悉这个超酷的阵地，然后集结我们的士兵。

第1节　勘察阵地

棋盘就像是战场，要想制订出聪明的作战计划，我们需要先熟悉这个战场。

观察一下棋盘，你有哪些发现呢？

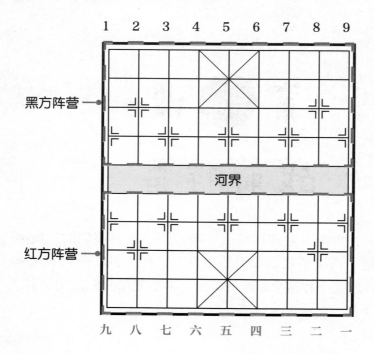

布局——完全对称

象棋棋盘分上下两部分，并且完全对称。这是因为下象棋是两个人的对弈，需要分出两个阵营。棋盘的上部分是黑方的阵营，棋盘的下部分是红方的阵营。

河界——楚河汉界

把棋盘分出上下两部分的是一条长长的空白区，这个空白区称为河界。

设置河界其实是受到了中国古代战争中真实场景的启发。在古代战争中，作战双方之间往往会有一条河流，而这条河流就像一道自然屏障，将敌人与己方分隔开来。将领们必须仔细考虑如何安全地突破或阻挡对方的进攻。

战位——交叉点

你可能很早就发现了，棋盘是由很多横线和竖线相交组成的。那么，请你数一数到底有几条横线、几条竖线呢？

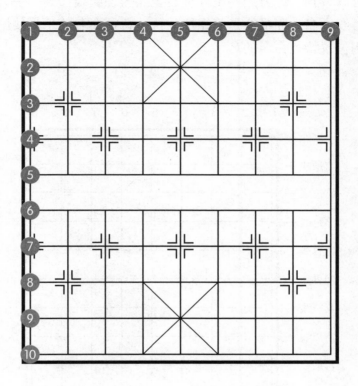

相信你一定很快就数出来有10条横线和9条竖线了。而这些直线相交形成了许多的交叉点，如果想知道棋盘上有多少交叉点，应该怎么办呢？

方法1：挨个数下来	方法2：用数学计算法算出来
一排一排数下来，数到90。	用我们数出来的10条横线乘以9条竖线，就得到了交叉点的数量，也就是10×9=90。

棋盘上共有90个交叉点，这90个交叉点，就是棋子的摆放位置及作战点，也可称为战位。

坐标——直线名称

小棋手，你可能已经发现了在红方和黑方阵营下有一串数字，这串数字就是竖线的名字，不仅竖线有名字，横线也有名字哦！

我们可以看到，红方用一至九从右至左为各竖线命名，黑方用1至9从左至右为各线命名，而横线是依据线的位置特征命名的（为使用方便，各竖线也有用位置特征命名的名字）。

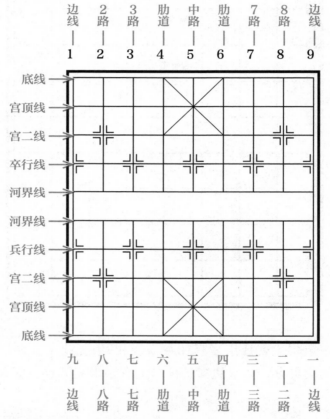

为什么要给棋盘各线取名呢？

给每条线起个名字，其实就是给阵地定坐标。有了坐标，将士们在交流时就可以方便快捷地准确定位。这样，将士们在作战时，可以直接说出线的名字，不用再说"左边那条线"或"上面那条线"，可以直接说"边线""河界线"。

这样的命名方式就像是给棋盘画上了地图，告诉将士们各个位置的名字。就像我们在城市里，知道了每个地方的名字，就能更容易找到目的地一样。

指挥部——九宫

双方作战时，必然有一个指挥作战的地方，就像是一个指挥部。在棋盘上也有这样一个特殊的地方，它就在双方阵营下方的中部，一个画着"米"字的田字格处。这个地方有一个超级有趣的名字，叫作"九宫"。

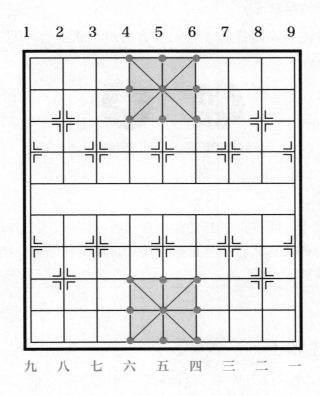

九宫的由来也是非常有趣的。请数一数，九宫是不是正好有 9 个交叉点呢？而"宫"在古代是帝王居住的地方，就像是一个超级豪华的宫殿，是权力的象征。所以，九宫就像是将帅的超级大本营，位置特别重要。

第2节　点兵点将

阵地勘察结束，接下来就要点齐人马，组织军队进入战斗状态。在象棋中，棋子就是这些人马。红方和黑方各有16个棋子，双方均有7个兵种。

指挥官——帅和将

帅是红方的最高指挥官，将是黑方的最高指挥官，双方各有1个指挥官。

红方指挥官　　黑方指挥官

　　在作战中，所有棋子都要保护自己的指挥官，同时进攻型棋子要攻击对方的指挥官，一旦指挥官被杀，战局就结束，指挥官战死的一方就输掉了比赛。

亲卫——仕和士

指挥官身边配有2个亲卫，他们的职责是保护自己的指挥官。红方的亲卫是仕，黑方的亲卫是士。

红方2个亲卫　　　　黑方2个亲卫

防御兵——相和象

在双方作战时，最忌讳的是大本营兵力空虚，让敌人趁虚而入。因此，在营地内需要配备防御兵巡视河界，守卫指挥部，防御敌方来袭。在象棋中，双方各配备了2个防御兵，红方的防御兵是相，黑方的防御兵是象。

红方2个防御兵　　　　黑方2个防御兵

步兵——兵和卒

步兵是人员最多的兵种，双方各配备了5个步兵。红方的步兵是兵，黑方的步兵是卒。

红方5个步兵

黑方5个步兵

炮兵——炮

炮兵配备了先进的火炮，拥有远程攻击的能力，双方各配备了2个炮兵。

红方2个炮兵　　　　黑方2个炮兵

骑兵——马

骑兵配备战马，在战场上是最灵活的战士，一个骑兵可以支援8个范围的战士，双方骑兵数量相同，各配备2个骑兵。

红方2个骑兵　　　　黑方2个骑兵

装甲兵——车

装甲兵配备战车和铠甲，是速度最快、战力最强的兵种，双方各配备2个装甲兵。

红方2个装甲兵　　　　黑方2个装甲兵

小提示

车、马、炮、兵是进攻型棋子，其中车、马、炮属于强子、大子。
相（象）、仕（士）是防守型棋子。

第3节　安营扎寨

点齐人马之后，双方需要赶赴阵地，安营扎寨。

棋子的摆放

在下象棋前，需要小棋手帮助棋子回到各自的站位，为战斗做好准备。在摆放棋子时，有一个方便记忆的摆棋口诀，要记住哦！

摆棋口诀	小兵阵前站一排， 大炮相随架两边， 将帅居中镇阵势， 仕相马车靠两边。

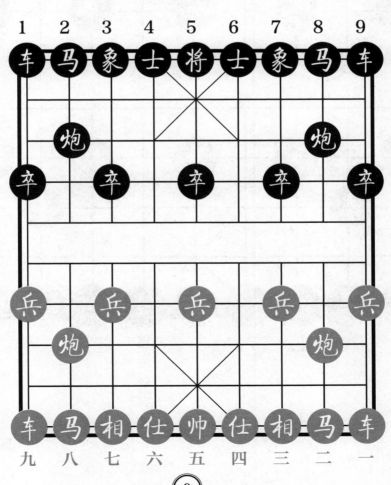

练习

接下来我们做一个练习，检验一下你是否学会了摆棋。下方棋盘上的棋子摆放正确吗？

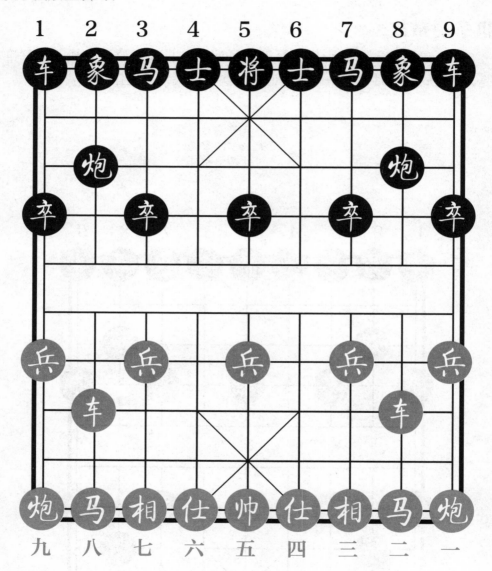

第 ② 课
军事训练

　　在熟悉了阵地、集结了士兵之后，就要紧锣密鼓地进行军事训练了。接下来，我们将按照兵种进行训练，以便他们能够迅速熟悉并掌握各自的作战技能。作为指挥官的将和帅需要在认识和了解士兵之前先熟悉自己的作战技能，因此，将和帅先做军事训练。

第1节　坐镇指挥部的帅和将

通过第1课的学习，我们已经知道了将和帅是最高指挥官，小棋手，你一定很好奇威武的指挥官拥有怎样的行动力和本领吧！

帅和将的行动

作为指挥官，帅和将不能擅离职守，需要坐镇指挥部（九宫），只能在九宫内走直线，直走或者横走均可。

帅和将需要稳定军心，行动时要沉稳，不能急躁，每次行动只能走一步。

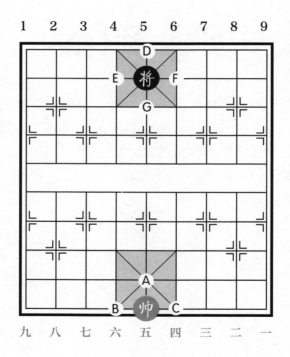

处于不同位置的帅和将，可以走的点的数量不同。如上图，红帅可以走到A、B、C这3个点，黑将可以走到D、E、F、G这4个点。

帅和将的本领

帅和将有两个本领，一是近身术，二是擒王术。

近身术：当对方的棋子走进帅（将）的九宫，且在帅（将）可以一步到达的位置上，帅（将）就可以吃掉这个棋子。

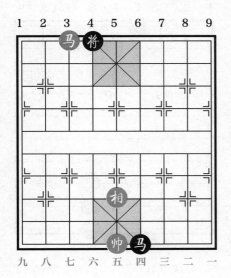

问 左图中黑将和红帅谁可以吃掉对方的马？

答 红帅可以吃掉黑马，黑将不能吃红马。因为红马没有进入九宫，黑马进入了九宫，红帅可以向右走一步，吃掉黑马。

擒王术：帅和将一直都在沿着竖线相互盯梢，只要在竖线上没有棋子遮挡时，看到对方将领，就可以进入对方的九宫擒拿将领。

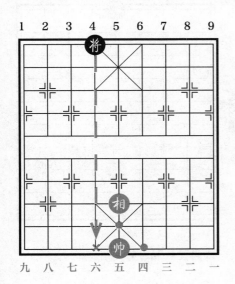

问 左图中红帅不能向哪走？

答 红帅不能向左走一步，因为会被黑将看到，如果红帅向左走一步，黑将就可以立即擒拿红帅。

练习

通过刚才的学习，我们已经了解了将和帅的行动及本领，接下来，由你指挥将和帅进行军事训练。

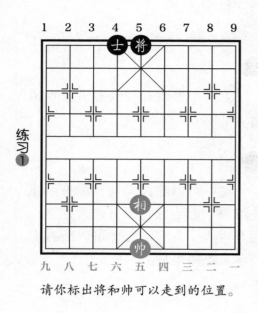

请你标出将和帅可以走到的位置。

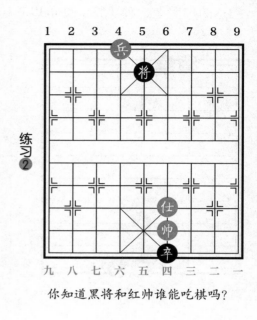

你知道黑将和红帅谁能吃棋吗？

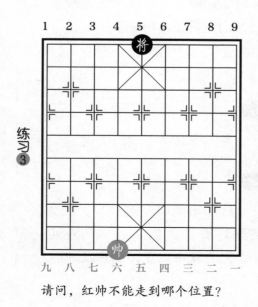

请问，红帅不能走到哪个位置？

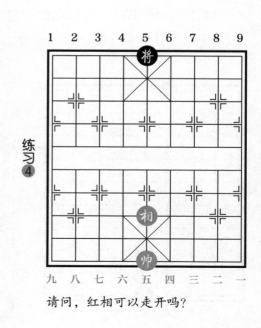

请问，红相可以走开吗？

第2节 勇往直前的兵和卒

兵和卒相当于步兵，是人员最多的兵种，他们是不惧危险、勇往直前的战士。

兵和卒的行动

兵和卒没有代步工具，只能步行，因此他们行动缓慢，每次行动只能走一步。

兵和卒在未过河时，只能向前走；而越过河界之后，就晋级了，技能也同步更新，可以向前、向左、向右进攻，但绝不能后退。

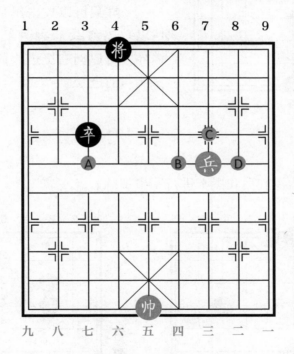

如上图，黑卒未过河，处于初始状态，只能走到A点，而红兵已经越过河界，处于晋级状态，可以走到B、C、D这3个点。

兵和卒的本领

兵和卒擅长近身战，在他们一步可以走到的位置上，若有对方的棋子，他们就可以发动攻击，消灭敌人。

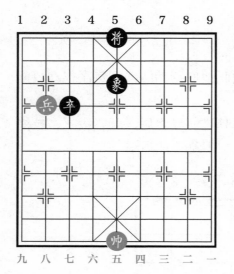

问

左图中红兵和黑卒谁可以发动攻击？

答

红兵可以攻击黑卒，黑卒不可以攻击红兵。因为红兵已越过河界，可以向右挺进，而黑卒目前只能向前进发。

练习

现在由你指挥红兵和黑卒进行军事训练。

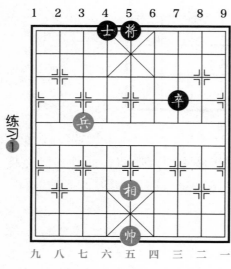

练习 ❶

红兵和黑卒分别可以向哪几个交叉点移动？

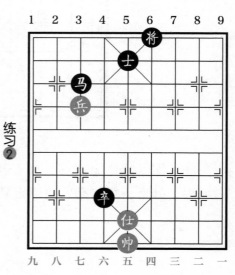

练习 ❷

红兵和黑卒，谁能攻击对方的棋子？

第3节　远程战力——炮

炮相当于炮兵，其特点是行动迅速、威力强大，可以进行远距离攻击。

炮的行动

炮使用炮车进行移动，因此炮的行动相对较迅速。为了确保炮在行军或战斗中的稳定，炮只能沿直线行走，只要前方没有棋子阻碍，炮的行动距离就不受限。

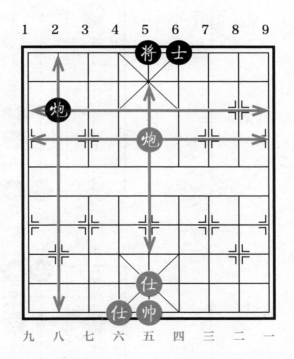

如上图，黑炮所在的横线和竖线都没有棋子，黑炮的行动距离不受限；而红炮所处的竖线上，前有黑将，后有红仕，因此红炮前进时最远在黑将前落子，后退时最远在红仕前落子。

炮的本领

炮有一个特殊的本领，就是隔子吃子。什么意思呢？就是当炮的行走路线上有任意一颗棋子时，炮就可以间隔这颗棋子吃掉后方一颗棋子，不管后方一颗棋子有多远都能精准攻击。

炮间隔的这颗棋子就是炮架，但是要注意哦，炮架只能是一颗棋子。如果对方的棋子与己方的炮之间隔着两颗或更多的棋子，炮就不能吃子。

问 右图中红炮和黑炮谁可以发动攻击？

答 红炮可以攻击黑马，黑炮不可以攻击红马。因为红炮已设好炮架，而黑炮没有炮架。

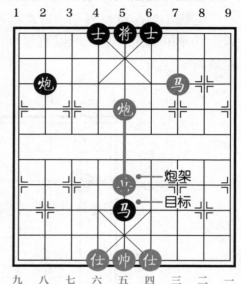

问 右图中黑炮可以发动攻击吗？

答 不能，红兵是黑炮的炮架，但炮架之后没有攻击目标。A点没有红方棋子，A点之后是黑象，而红马与黑炮间隔两颗棋子，已超出黑炮的射程。

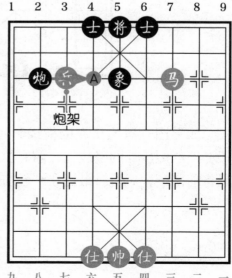

练习

我们已经学习了炮的行动及本领，现在让我们来巩固一下所学的知识。

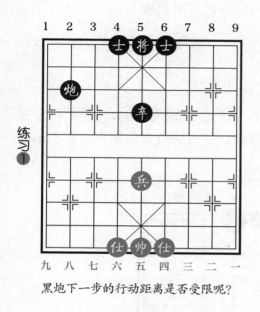

练习①

黑炮下一步的行动距离是否受限呢？

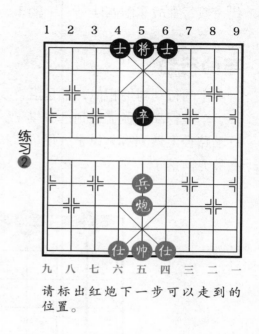

练习②

请标出红炮下一步可以走到的位置。

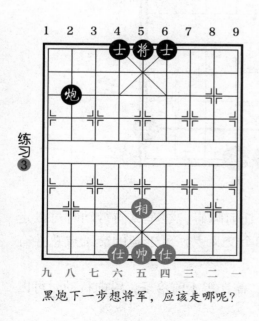

练习③

黑炮下一步想将军，应该走哪呢？

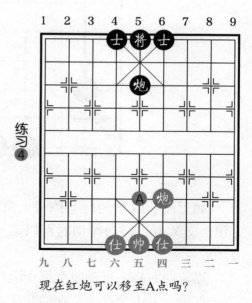

练习④

现在红炮可以移至A点吗？

第4节 最强战力——车

在象棋中车的读音为"jū"，车相当于战车，计量单位为乘，在古代一般每乘战车配四匹马、一辆车、三名穿戴铠甲的战士。

车的行动

车的行动与炮相似，都是沿直线行走。

车在行动路径上遇到己方棋子，不可越过，需在其前方落子；但车在行动路径上遇到敌方棋子，便可直接攻击，并占领敌方的据点，而不需要在敌方前落子。

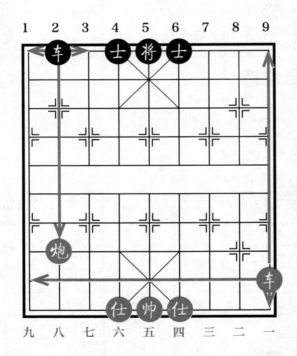

如上图，红车的行动路径上没有任何障碍，红车纵向行动时可以走至9个交叉点，横向行动时可以走至8个交叉点，可走至的交叉点总共有17个。

黑车向右横向行动时受黑士阻挡，需在黑士前落子，纵向行动时可以攻击红炮，并占领红炮所在的交叉点。

车的本领

车既可以保护直线上的己方棋子，又可以攻击直线上的敌方棋子。

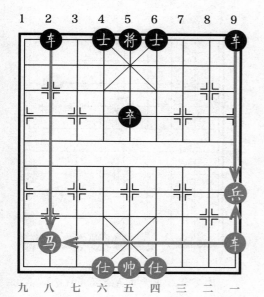

问

　　左图中黑车攻击红马和红兵会导致怎样的后果？

答

　　黑车会被红车反吃，因为红马和红兵与红车位于同一直线上，红车可以保护它们，黑车攻击后，红车会立即反攻。

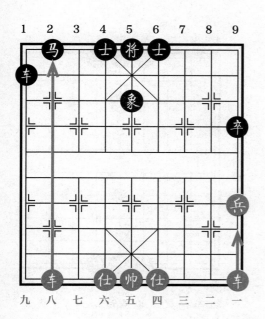

问

　　左图中红车可以攻击黑马和黑卒吗？

答

　　可以攻击黑马，但不能攻击黑卒。因为红车与黑卒之间有一个红兵，红车不可以越过红兵吃黑卒。

练习

车有最强的战力，一定要好好训练车的作战技能呀。

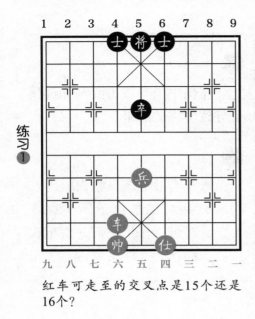

练习①

红车可走至的交叉点是15个还是16个？

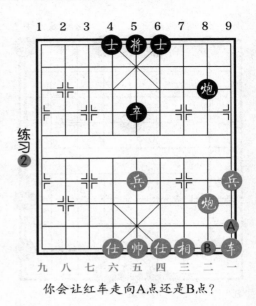

练习②

你会让红车走向A点还是B点？

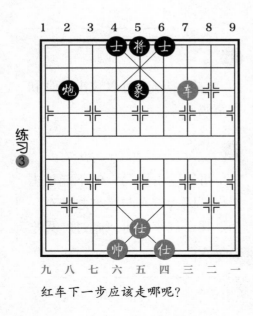

练习③

红车下一步应该走哪呢？

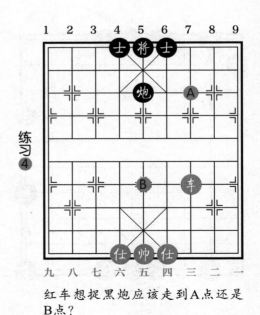

练习④

红车想捉黑炮应该走到A点还是B点？

第5节　机动战力——马

马相当于配备战马的骑兵，其优势是机动性强，活动范围大。

马的行动

为了保证马的机动性，马在行动时走"日"字格的对角线，即马走"日"。

我们先来看看，为什么走"日"字格对角线能把马的机动性发挥到最大。

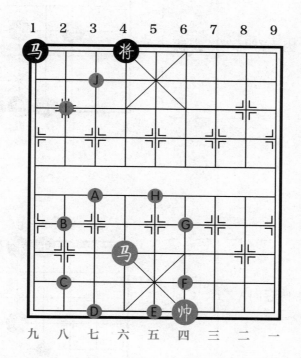

如上图，红马走"日"字格对角线时，可以移动交叉点有8个，也就是随时可以调整行动方向，发起进攻或者迅速回防；就算是在最边角的黑马也有2个交叉点可以行动。

马的本领

马最多可以向8个方向行动，威风凛凛的马，可进可退，可攻可守。

问

右图中黑方应走哪颗棋子？

答

走黑车，因为红马下一步就可以攻击黑车。

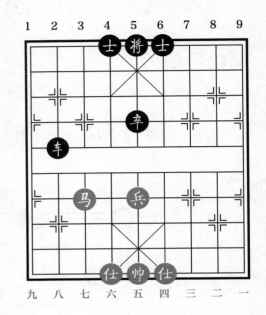

问

右图中红马应向A、B、C、D哪个点移动？

答

应移动到A点（到D点较保守），移动至A点后既避开了黑车的捉子，又可以保护红兵，如果黑车吃红兵，红马可立即吃黑车。

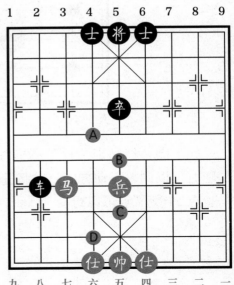

马的弱点

威风凛凛的马也是有弱点的，马的弱点就是怕绊马腿。

古时候，战士们会使用绊马索去绊马腿，以此对付骑兵，当骑兵遇到绊马索时，便不能越过绊马索向前移动了。

在象棋中，棋子（红黑棋皆可）就相当于绊马索，在"日"字格上，紧挨着马的前方，有任意一颗棋子，马就不能沿着这个"日"字格的对角线移动了。

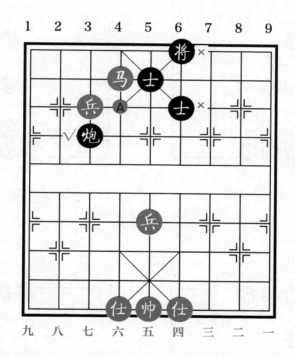

如上图，九宫中心的黑士于红马来讲就是绊马索，红马不能沿"日"字格对角线吃黑将和黑士。

注意，红兵虽然与红马位于同一个"日"字格上，但并未紧挨着红马的前方，因此，红马可以吃掉黑炮。如果红兵在A点上，红马就被绊住了马腿，不能吃黑炮。

练习

我们已经学习了马的行动、马的本领和马的弱点，下面由你来指导马做军事训练。

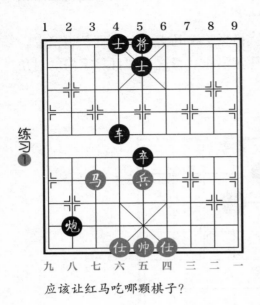

练习①

应该让红马吃哪颗棋子？

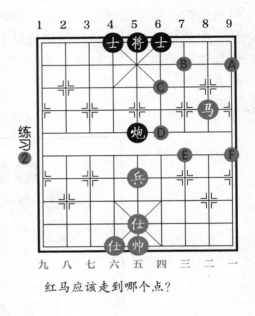

练习②

红马应该走到哪个点？

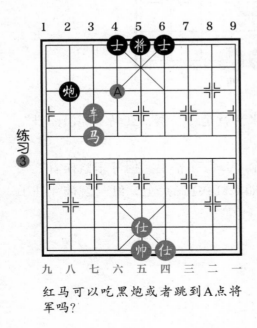

练习③

红马可以吃黑炮或者跳到A点将军吗？

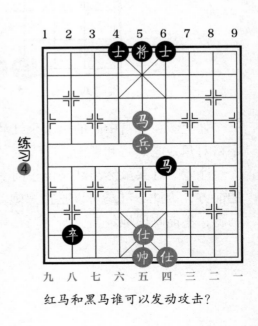

练习④

红马和黑马谁可以发动攻击？

第6节 阵营防御——相和象

相（象）的主要职责是守护九宫和河界，相（象）不能越过河界，去敌方阵营进行战斗，因此，相（象）在队伍中相当于防御兵。

相（象）的行动

为了迅速支援守护九宫中的将帅，以及防守河界，相（象）走"田"字格对角线，即相（象）走"田"。

我们来看看相（象）走"田"字格对角线对支援将帅，及防守河界起的作用。

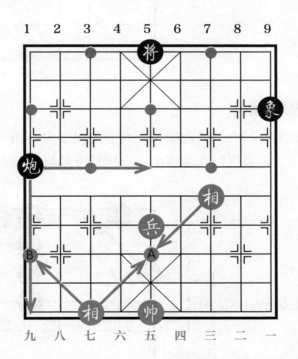

如上图，象走"田"，可以在7个交叉点上活动，相同理。

黑炮位于边线与河界线相交处，底线上的相，可以飞到B点阻挡黑炮从边线进攻；如果黑炮平移至中线攻击红帅，底线上的相和河界上的相都可以飞到A点支援红帅。

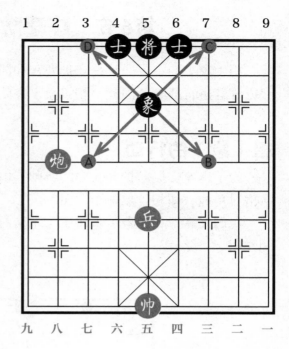

如右图，如果红炮进到底线上将军，象可以飞到D点上支援；如果红炮平移到中路上威胁攻击黑将（即将军），象可飞A、B、C、D这4个点上应对。

相（象）的本领

相（象）的主要职责就是防御，但对方的棋子走到相（象）可以移动的位置上，相（象）就可以发动攻击，吃掉对方的棋子。

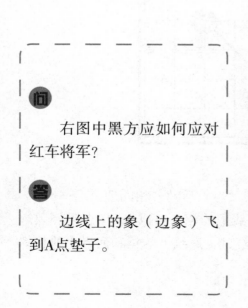

问

右图中黑方应如何应对红车将军？

答

边线上的象（边象）飞到A点垫子。

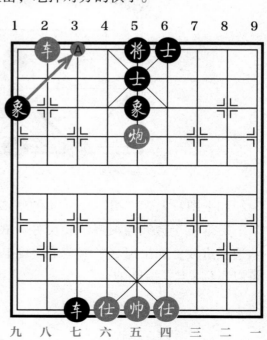

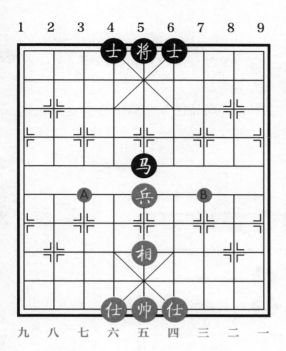

左图中黑马需要避开红兵，黑马会跳到A、B点上吗？

不会，如果黑马跳到这两点上，红相就可以吃掉黑马。

象棋谚语"缺相（象）怕炮"

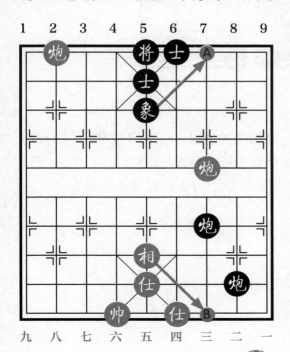

象棋中有"缺相（象）怕炮"这样一句谚语，但很多人可能无法理解其含义。我们可以看左图，当帅缺少相的保护后，黑炮可移至B点攻击帅，且帅无法逃脱；当将缺少象的保护后，红炮可移动至A点，使将无法逃脱。

相（象）的弱点

　　相（象）的弱点跟马有点相似，马的弱点是怕绊马腿，而相（象）的弱点是怕塞相（象）眼，都是怕棋子的阻挡。

　　相（象）眼的位置在"田"字格中心，当"田"字格中心有任意一颗棋子时，相（象）就不能飞到田字的对角点上。

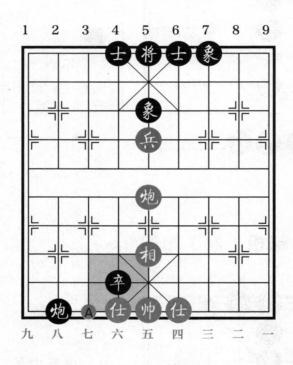

　　如上图，黑炮在底线上将军，遇到这种情况，一般是红相飞到A点垫子，但黑卒在田字格中心位置，红相就不能到达A点，此时，只能进六路红仕到九宫中心，这样使黑炮失去炮架，从而失去对红帅的攻击力。

练习

我们已经知道相（象）走"田"，并且怕塞相（象）眼，现在我们来检验一下学习成果，由你来指导相（象）做军事训练。

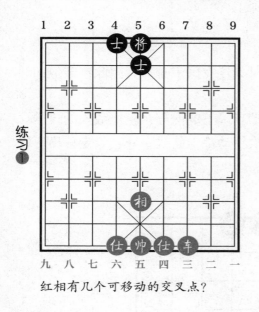

红相有几个可移动的交叉点？

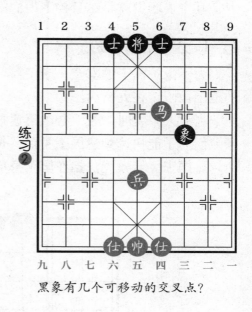

黑象有几个可移动的交叉点？

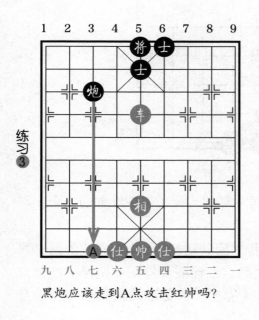

黑炮应该走到A点攻击红帅吗？

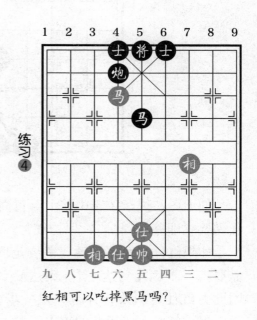

红相可以吃掉黑马吗？

第7节 指挥部防御——仕和士

小棋手，如果把帅和将看作两位国王，那么仕（士）就是国王的亲卫，其主要职责就是贴身护卫他们的国王。

仕（士）的行动

为了保护国王的安全，亲卫需要时刻伴在国王身边，因此，亲卫的活动范围被限定在九宫内。

当敌人来袭时，亲卫必须迅速移动到国王的前方，阻挡敌人的攻击。亲卫们为了能快速到达国王身前，每次行动都走斜线，并且只走一格，以免越过国王，导致无法挡在国王身前。

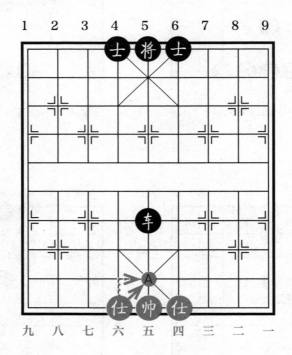

如上图，黑车位于中路上，正面对着红帅。为了保护红帅的安全，红仕需要立即移动到A点，保护红帅。

如果红仕走直线的话，需要走两步才能到达A点，而走斜线的话，只需要走一步就能到达A点。到达A点之后，红仕需要停在那里保护红帅。因此，红仕走斜线，并且只走一步，才能更快、更准确地到达红帅的身前，保护红帅免受黑车的攻击。

仕（士）的本领

仕（士）的职责是贴身保护帅（将），但是，当对方的棋子闯入九宫，并且在仕（士）一步就能达到的位置，仕（士）就可以立即攻击，吃掉对方的棋子。

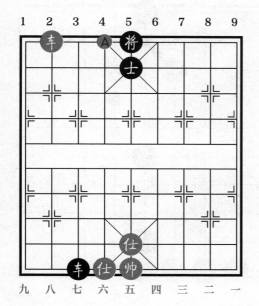

 左图中黑方应如何应对红车将军？

 黑士退到A点垫子。

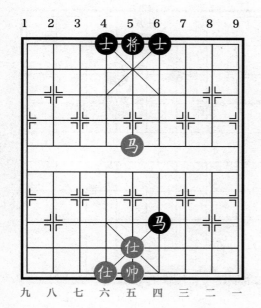

问 左图中黑马将军，红方应如何应对？

 用九宫中心的红仕吃掉黑马。

33

象棋谚语"支起羊角士，不怕马来将"

你可能听过"支起羊角士，不怕马来将"这一象棋谚语，接下来，我们通过看两个盘面来学习这两句谚语的含义。

问

右图中黑士的摆法叫羊角士，如果红马跳到A点，黑方应该如何应对？

答

黑士支在九宫上角叫作羊角士，是一种防守方法。如果马跳到A点，黑方应把4路的黑士退到B点。

问

右图中黑士是如何防守红马的？

答

6路的黑士绊住了红马，红马不能攻击黑士，也不能跳到D点将军，更不敢跳到C点将军，因为如果红马跳到C点，5路黑士就能进一步吃掉红马。

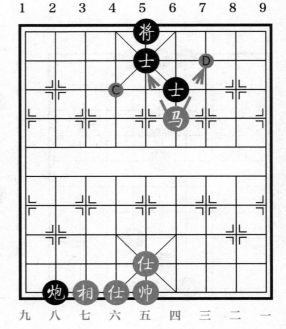

象棋谚语"缺士怕双车"

　　我们刚才学习过，士可以绊马腿，防止马来将军。那么，你知道为什么"缺士怕双车"吗？我们再来看一个盘面，看看缺士之后，双车的威力。

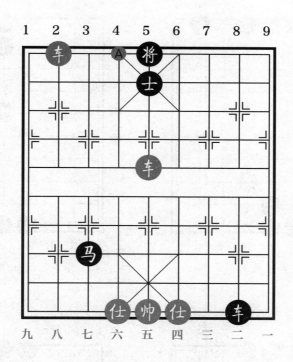

　　如上图，黑方缺一个黑士，红方一车在中路上，一车在黑方阵营的底线上将军，黑将就无法逃脱了。

　　如果黑士退到A点，中路上的红车就可以吃掉黑将，因此黑士不能退；既然黑士不能退，那就只能移动黑将了，但黑将目前只能平移，而平移之后，依然无法避开底线上的红车。

　　这样，黑方就输棋了。

练习

我们已经学习了仕（士）的行动和本领，接下来，由你来指挥红方仕保护帅，一定要保护好帅哦，帅被吃掉一盘棋就结束啦。

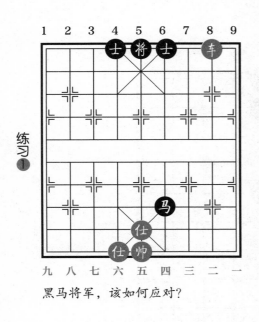

练习 ①

黑马将军，该如何应对？

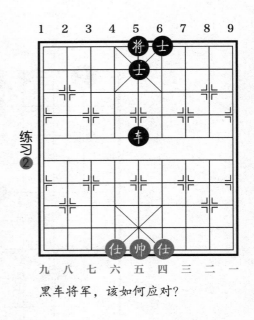

练习 ②

黑车将军，该如何应对？

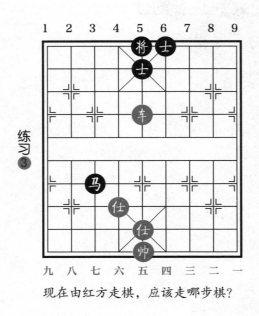

练习 ③

现在由红方走棋，应该走哪步棋？

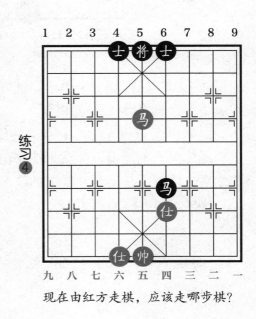

练习 ④

现在由红方走棋，应该走哪步棋？

第 3 课
行动指令和作战术语

　　在作战中，指挥官需要用简单明了的语言来传达指令，让士兵们能够迅速理解和执行。而在沟通时，也需要使用简洁的词语，以便快速有效地交流信息。

　　现在，我们要开始学习一些行动指令和作战术语了。

第1节　行动指令

行动指令是指挥官对士兵们下达的命令，指令需要简单明了，并且可以快速、精准地传达命令。

指令格式

在象棋中，一般用4个字表示一步棋的走动。我们先来了解这4个字分别表示的是什么意思，就能很快掌握行动指令了。

 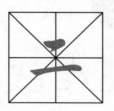  

表示这一步走动的棋子名称　　表示这颗棋子所在的竖线数字　　表示棋子的行动方向，棋子的行动有进、退、平这3个方向　　表示棋子到达的竖线数字，如果行动方向是进和退，则表示进退的格数

小提示

你可能已经注意到了，并且也产生了疑问，马、相（象）、仕（士）都是斜走的棋子，它们的行动方向应该怎样表示呢？

因为它们是斜走的棋子，所以表示方向的第三个字只有进和退，而第四个字则表示到达的竖线数字。

 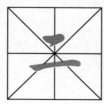 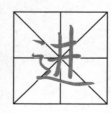 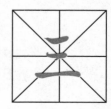

在第 1 课中我们讲解过，红方以汉字的数字为竖线命名，黑方则以阿拉伯数字为竖线命名，因此，红方和黑方的行动指令在数字上有所区别，接下来，我们分别演示双方的行动指令。

红方指令

我们分别让直线行走的车，斜线行走的仕和马依据指令来行动。

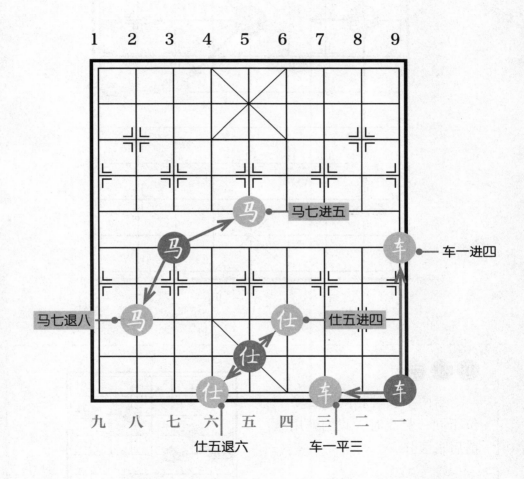

黑方指令

我们分别让直线行走的炮和斜线行走的象依据指令来行动。

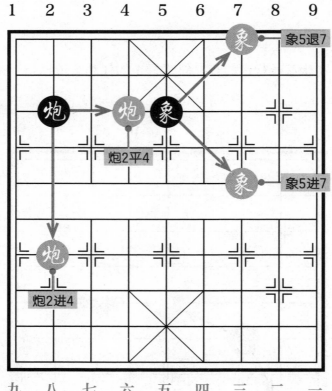

小提示

当两个兵种相同的棋子位于同一竖线时，我们就用前后来区分。

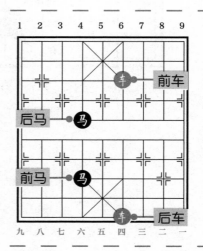

练习

我们来做几道练习题，看看你是否掌握了行动指令。

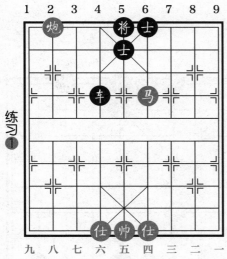

黑车捉红马，红帅下达"马四进三"的指令，请你行动起来吧！

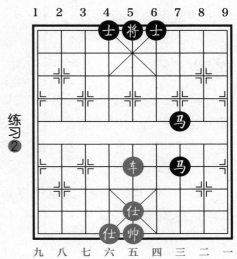

红车将军并捉黑马，黑方需要走"前马退5"解困，请你行动起来吧！

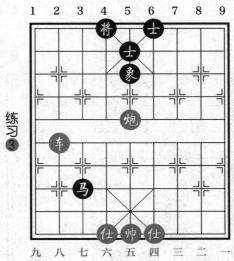

红帅下达"车八进五"的指令，红车该走到哪呢？

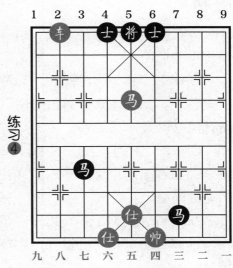

红帅下达"马五进七"的指令，红马该走到哪呢？

第2节　作战术语

作战术语是在军事行动中使用的特定词汇，接下来，我们介绍一些在象棋中常用的作战术语。

将军

将军不是指黑将这个棋子哦！将军是指一方的棋子能在下一步吃掉对方的帅（将），这就是"将军"，简称"将"。

如右图，黑马下一步就能吃掉红帅，也就是黑马在将军。

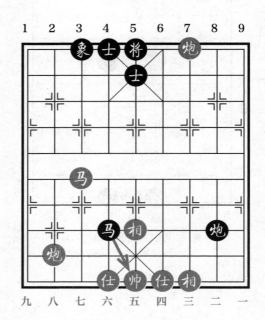

应将

应将就是采用某种方法，解除被将军的局面。

方法1：移动指挥官，又称"避将"，如右图走"帅五进一"避开黑马。

方法2：阻挡威胁，又称"垫将"，如右图走"炮八平六"绊住黑马的马腿。

方法3：吃掉威胁，又称"消将"，如右图走"马七退六"吃掉黑马。

注意，如果对方用炮将军，而炮架是自己的棋子时，可移动炮架来解除将军局面。

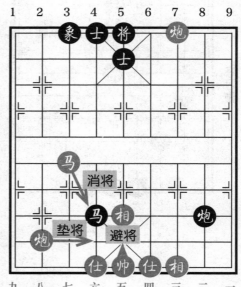

将死

　　"将死"指当你的棋子们联合起来，把对手的帅（将）困住，让他无路可逃，并且其他棋子也无法保护他的局面。

　　如右图，红炮在底线将军，红马守住黑方九宫中心，黑将无路可逃，其他棋子也无法支援黑将，红方把黑方将死了。

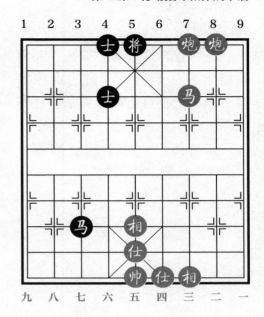

困毙

　　"困毙"指你没有面临将军，但是轮到你走棋了，你无棋子可走的局面。

　　如右图，红炮镇守中路，黑士和黑马不能走开，走开其中一颗棋子，红炮立即吃掉黑将；黑将进1和平4的路线被黑士阻挡，只能平6，但平6就会被红马吃掉，相当于自杀，这种局面就是黑方被困毙了。

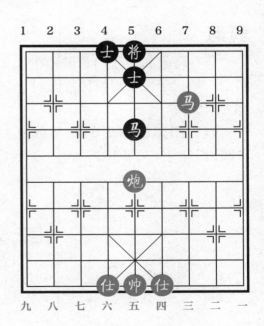

巡河

巡的意思是查看、巡视，而河是指河界，巡河可理解为巡视河界。当棋子在自己的河界上时，称为"巡河"。

如右图，二路上的红炮就在"巡河"，称"巡河炮"。

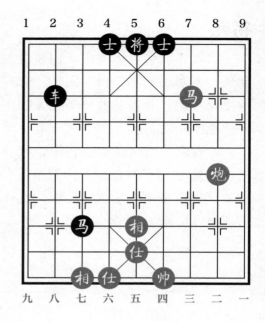

骑河

骑有跨坐和乘坐的意思，在象棋中，当棋子位于对方河界上时，称为"骑河"。

如右图，二路上的红车就在"骑河"，称"骑河车"。

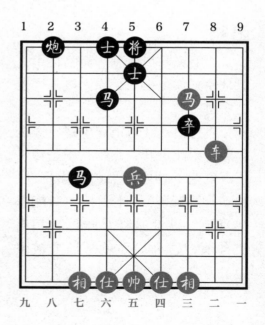

等着

在象棋中，着是指走一步棋。在象棋的残局中会遇到需要对方走一步棋之后，棋局才对己方有利的情况，此时，就需走一步"无用"的棋，这一步棋就是等着。

如右图，红方走"车八进一"为无作用的棋，等黑方走开车或卒，红方走"车八进一"就是等着。

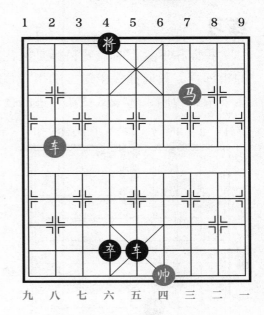

先手

在象棋中先手有两种含义，一是走棋次序，先走棋的一方为先手，后走棋的一方为后手；二是棋局形势，棋局占有优势的一方为先手。

如右图，当前棋局红方占优势。红方棋子路线畅通，无棋子阻挡，且红马可以保护巡河炮、车和中路的兵，而黑方棋子路线受阻。

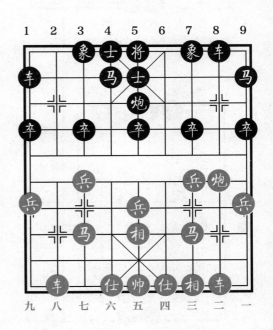

练习

　　我们在下象棋时首要目标是抓住对方的指挥官，同时也要保护好自己的指挥官，只要抓住了对方的指挥官就可以获胜啦！将军和应将很重要，接下来，我们一起来试试抓和逃的技巧吧！

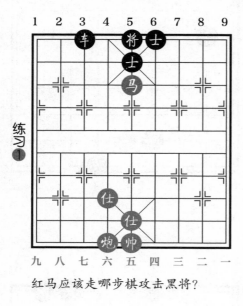

红马应该走哪步棋攻击黑将？

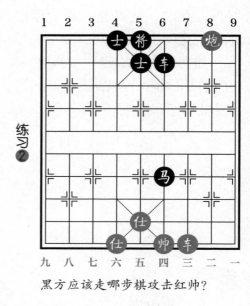

黑方应该走哪步棋攻击红帅？

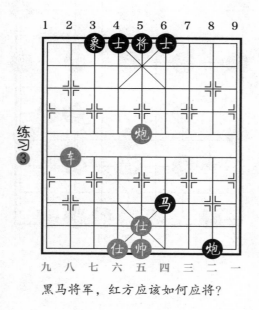

黑马将军，红方应该如何应将？

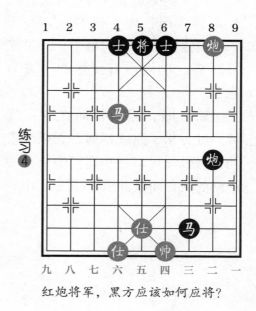

红炮将军，黑方应该如何应将？

第 4 课
作战演练

　　在开始下象棋之前，我们需要先了解一些规则，这样就能够愉快地进行对局啦！同时，还要学习一些技巧，让我们在对战中增加获胜的机会。

　　在本课中，我们将学习象棋的基本规则和如何判断胜负、和，还会学习一些互相帮助的技巧。

第1节　基本规则

在下象棋前，我们需要先了解一些象棋的基本规则，不能胡乱走棋。

行棋规则

象棋分红棋和黑棋是为了区分双方棋子，但是，这里面还有一个隐藏的秘密，那就是执红棋的一方可以先行动。

在下象棋时，执红棋的一方先走一步棋，再由执黑棋的一方走一步棋，双方轮流各走一步棋，一直到分出胜负为止。

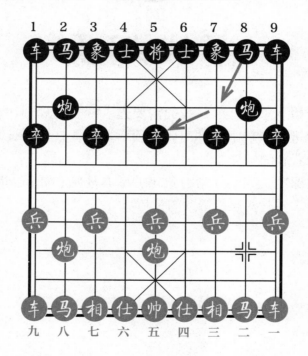

如上图，红方先走了"炮二平五"，现在红炮瞄准了中路上的黑卒，但是，红炮现在不能立即攻击黑卒，还得等黑方走一步棋。

黑方聪明地发现了红方的意图，决定走"马8进7"保护中卒，红方如果依旧用炮吃中卒，黑方就用黑马吃红炮。

这样，双方轮流走一步棋，就会产生精彩的智慧对决。

摸子规则

触摸自己的棋子就表示要走动这颗棋子，触摸对方的棋子就表示要吃掉这颗棋子。

小棋手们有时候会先后触摸双方的棋子，这就表示你要用自己的棋子吃对方的棋子哦！

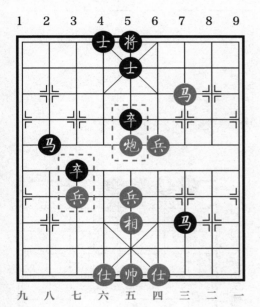

问

红方触摸了七路红兵，应该如何走棋？红方走棋后黑方应该走哪一步棋？

答

红方只能进兵吃卒，不能走其他棋；黑方应该进中卒吃红炮。

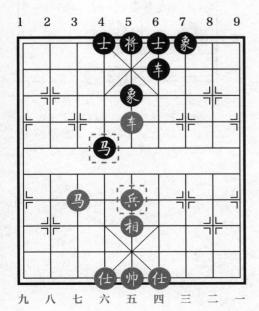

问

黑方先后触摸了黑马和红兵，黑方该如何走棋？黑方走棋后红方该走哪一步棋？

答

黑方只能进马吃兵，不能走其他棋；黑方吃兵后，红方用红车吃黑象，形成将军和捉吃黑马的局势。

小提示

注意！当你触摸了棋子又无法按照摸子规则行棋时，你就犯规了。在下象棋时，我们不仅要养成不悔棋的好习惯，还要遵守规则，不要犯规哦。

练习

我们已经学习了行棋规则和摸子规则，现在就来演练一下吧！

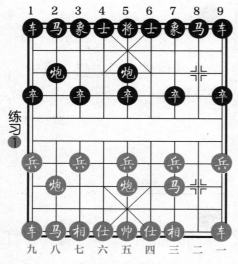

现在由黑方走棋，黑方要保护中卒，可以走哪一步棋？

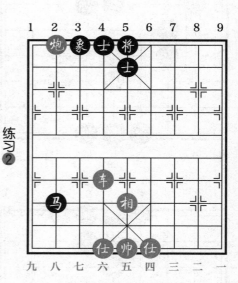

红方先后摸了红炮和4路黑士，红方应该如何走棋？红方走棋后黑方应如何走棋？

第2节 胜负、和

象棋对局结束后，只有两种结果，要么分出胜负，要么打成平手。

胜负

胜负是比赛的一种结果，赢得了比赛要不骄不躁，输了比赛也不要气馁。在对局时，当你把对方将死，或者把对方困毙，你就获胜了，对方则输棋。

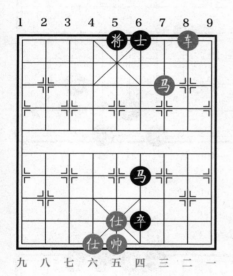

问

红方怎样走棋可以取胜？
黑方怎样走棋可以取胜？

答

红方走"车二平四"吃黑士，将军。
黑方走"马6进4"将军。

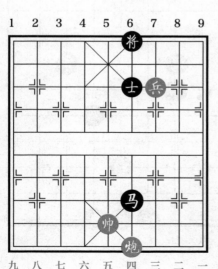

问

现在由红方走棋，应该走哪一步棋？

答

红方走"兵三进一"，黑方就无棋可走了，被困毙输棋。

要注意了，在下象棋时，如果你的走棋方法是棋规不允许的，而你坚持不走其他的棋，你就会被判定输棋哦！

如右图，红兵进一或红马进三后，就可以将死黑方，现在由黑方走棋，双方走棋如下。

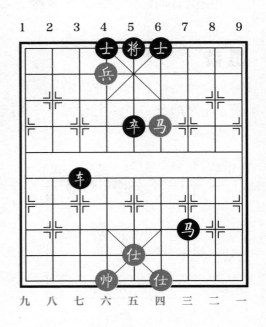

回合	红方	黑方
1	……	车3进4
2	帅六进一	车3退1
3	帅六退一	车3进1
4	帅六进一	车3退1

黑方往返3回合将军，又无法将死红方，称为"长将"。"长将"是不被允许的，黑方需要改走他棋，如果不变，就输棋了。

如右图，双方棋子相当，现在由红方走棋。

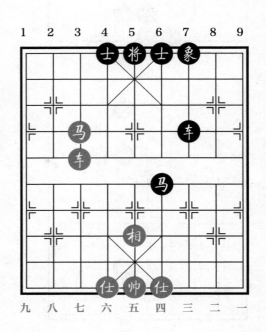

回合	红方	黑方
1	车七平四	马6进8
2	车四退二	马8进7
3	车四退二	马7退8
4	车四进二	

红车跟在黑马后面，想吃黑马，又无法吃掉黑马，称为"长捉"。这也是不允许的，如果红方不改走其他棋，就可以判他输棋。

和

在对局中，当你没有办法将死或困毙对方，对方也无法将死或困毙你时，你们就打成了平手，这盘棋就是和棋。

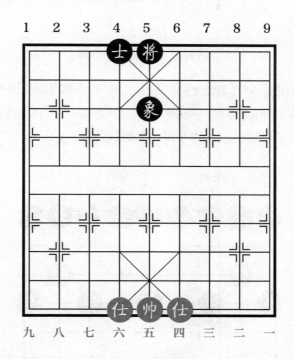

如上图，红方和黑方所剩棋子都是防守型棋子，无法过河，那就无法攻击对方的帅（将），这就算和棋啦！

在对局时，如果两个人的实力相当，没有明显的胜利者，其中有一个人提议和棋，另一个人同意了，那么棋局就以和棋结束了。

第3节　互相守护

在作战时，队友的互相守护是保证自身安全的重要手段。切勿孤军作战哦！

根的概念

第一次下棋可能会好奇，红方为什么第一步棋不用红炮吃掉黑马呢？

假设红方走"炮二进七"吃掉黑马，我们来看下面的棋盘，相信你很快就能发现，黑方可以走"车9平8"吃掉红炮。

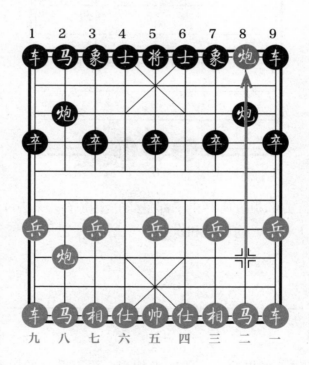

这里就延伸出了"根"的概念。在移栽植物时，我们需要保护植物的根，植物有根才能存活。在象棋中，"根"是棋子的守护力量，棋子没有"根"的守护就容易被对方吃掉。

在吃子时，一定要注意对方棋子是否有根，如果有根守护，就不要贸然吃子。

根的守护

学习了"根"的作用，接下来，我们为己方棋子配备"根"吧！

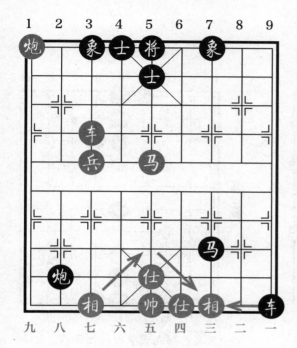

问

黑车下一步可以吃红相，红方走哪一步棋可以为红相配备"根"？

答

红方走"相七进五"，如果黑方平车吃相，红方就退相吃车。

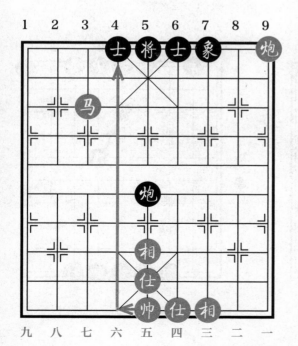

问

红马想吃黑士，红方应走哪一步棋守护它？

答

红方走"帅五平六"，红帅成为红马的根，黑将平4就会被红帅擒拿。

练习

接下来，我们来考验一下大家的眼力，看你是否能发现隐藏在棋子后的根。

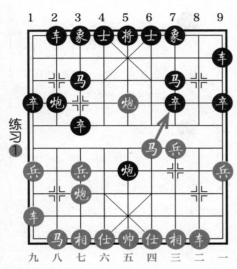

红方巡河马进三吃黑卒，黑方哪个棋子能反吃红马？

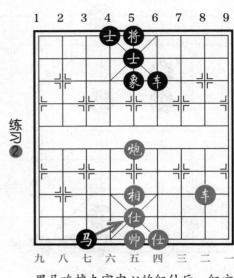

黑马吃掉九宫中心的红仕后，红方该如何应对？

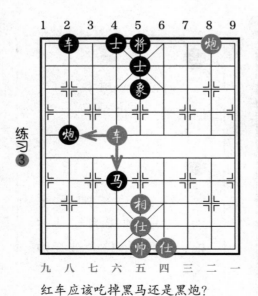

红车应该吃掉黑马还是黑炮？

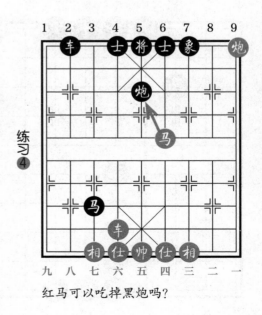

红马可以吃掉黑炮吗？

第 5 课
兵力调遣和部署

　　作战开始，双方开始调动士兵，布置阵型，准备进攻敌营和防御敌人的袭击。在象棋中，这个阶段叫作开局的"布局"。

　　接下来，我们来讲一讲这个阶段的重点知识。

第1节　棋子的威力

在古代，将军调兵遣将时，一般会让威力大的士兵带队作战。在象棋中，棋子就是士兵，棋子的威力就是它们在棋盘上可控制的范围。

接下来，我们分别来了解一下棋子在棋盘上的初始威力和最大威力。

棋子的初始威力

棋子们在未出动时，威力最小，它们能控制的交叉点数量最少，是它们威力值最小的时期。

我们先来数一数车、炮、卒这3个走直线的棋子，在初始位置时能控制几个交叉点吧。

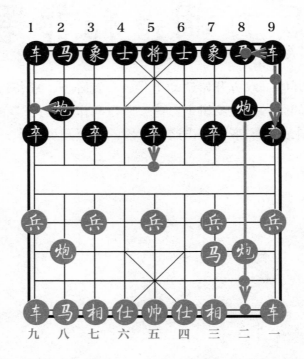

如上图，车可控制4个交叉点，炮可控制3个交叉点，卒只能控制1个交叉点。

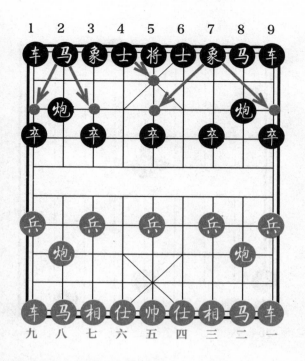

我们再来数一数马、士、象这3个走斜线的棋子，在初始位置时能控制几个交叉点。

如左图，马和象都只能控制2个交叉点，士只能控制1个交叉点。

棋子的最大威力

当棋子的行动路线上没有任何阻碍时，它的威力最大。接下来我们先来看看车、马、炮、兵这4个攻击型棋子的最大威力。

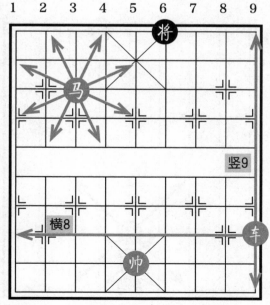

如左图，车在无棋子阻挡时，可控制竖线上的9个交叉点，横线上的8个交叉点，共计17个交叉点。马在无棋子阻挡时可控制8个交叉点。

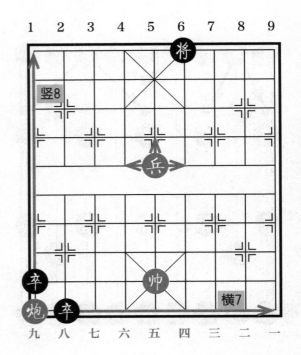

如右图，炮在最边角，炮架紧挨着炮设置，行动路线上无棋子阻挡时，可控制竖线上的8个交叉点，横线上的7个交叉点，共计15个交叉点。兵过河后可控制3个交叉点。

我们再来看看相和仕这两个防守型棋子的最大威力。

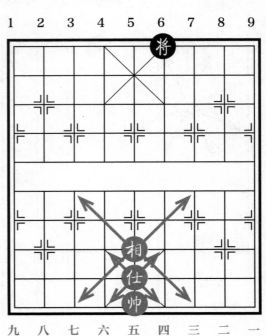

如右图，当仕和相位于中路上，并且无棋子阻挡时，它们的威力值最大，可控制4个交叉点。

为了方便记忆，我们可以制作一个表格，把各棋子的威力值统计出来。

棋子	最小威力	最大威力
车	4	17
马	2	8
炮	3	15
兵/卒	1	3
仕/士	1	4
相/象	2	4

练习

从刚才的学习中，我们知道棋子的威力是可以改变的。当棋子被阻挡时，它的威力就会减小。现在，我们来看两道练习题，看看你是否掌握了计算棋子威力的方法。

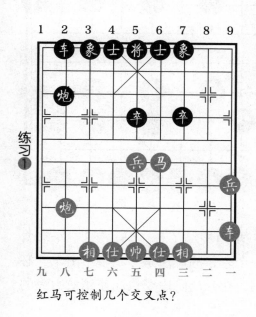

红马可控制几个交叉点？

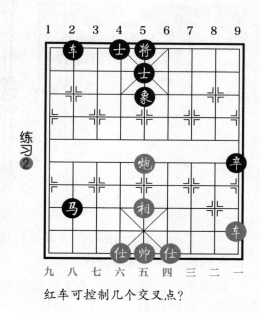

红车可控制几个交叉点？

第2节　兵力调遣要点

在充分了解各兵种的威力值后，作为指挥官就需要合理地调兵遣将了。让我们一起来学习调兵遣将的要点知识吧！

快速集结车、马、炮

在指挥作战时，我们需要快速组织强大的士兵赶往前线，来确保我们在战斗中占据优势。

在象棋的开局阶段也是一样，我们也要迅速集结威力强大的棋子。而车、马、炮在棋子中的威力值排名前三，所以在开局阶段我们要迅速集结车、马、炮。

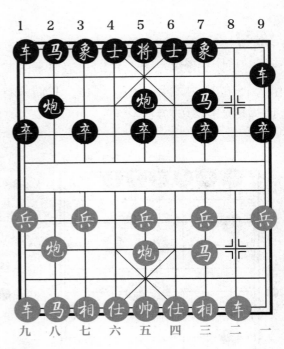

回合	红方	黑方
1	炮二平五	炮8平5
2	马二进三	马8进7
3	车一平二	车9进1

如上图，红色和黑色双方都在前三步内集结了车、马、炮这3个非常厉害的棋子。在象棋的开局阶段，有一个夸张的说法是"三步不出车，必定要输棋"。这种说法主要是提醒我们，在开局阶段要快速使用威力大的棋子，尤其是车。

左右出子均衡，切勿一子多动

在出动棋子时要注意让自己两边的棋子齐头并进，不要连续走动某一个棋子，从而减缓棋子出动的速度。

我们来看下面的棋局，红方重复走动红马，这导致红方只出动了右侧的棋子。

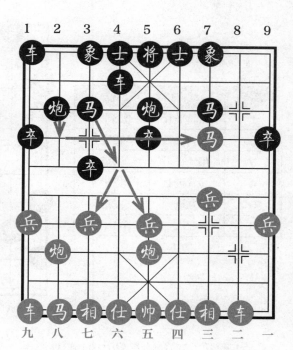

回合	红方	黑方
1	炮二平五	炮8平5
2	马二进三	马8进7
3	车一平二	车9进1
4	兵三进一	车9平4
5	马三进四	马2进3
6	马四进三	卒3进1

你发现了当前棋局红方的劣势了吗？

首先，红方只出动了一侧的4个棋子，另一侧的棋子还未动，这样出兵速度就会变得很慢。

其次，红马虽然吃掉了一个黑卒，但是现在它不能前进了，只能后退,这样红方的攻击能力就会减弱。

最后，黑方现在可以发动总攻了，而红方只能被动防守。

要记住，在下棋时不能让对手占据主动权，一定要牢牢抓住主动进攻的优势。

保持路线通畅

小棋手，你还记得棋子的威力受什么影响吗？

没错，棋子行走的路线受其他棋子阻挡会减弱棋子威力！因此，一定要保持棋子路线通畅，让你的棋子发挥最大的威力！

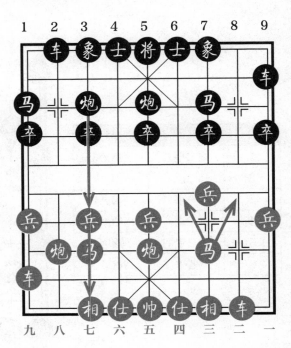

回合	红方	黑方
1	炮二平五	炮8平5
2	马二进三	马8进7
3	车一平二	车9进1
4	马八进七	炮2平3
5	车九进一	马2进1
6	兵三进一	车1平2

如上图，双方的车和中炮威力相等，先不对比了，我们只看双方的马和另一个炮。

马的威力对比：红马前的兵已进一，解除了绊马腿的缺陷，红马可跳到河界线上，而黑马都被卒绊住了马腿，不能前进，红马胜一筹。

炮的威力对比：请看3路黑炮和八路红炮，3路黑炮可进4吃掉红兵，并且威胁红相；而八路的红炮只能左移一格或后退一格，移动到其他位置上就会被黑车吃掉，黑炮胜一筹。

练习

我们来看下面两个盘面，判断一下红方下一步应该走哪一步棋？

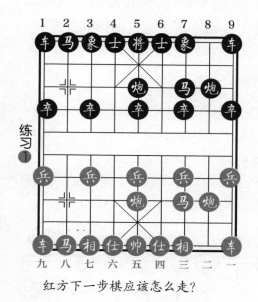

红方下一步棋应该怎么走？

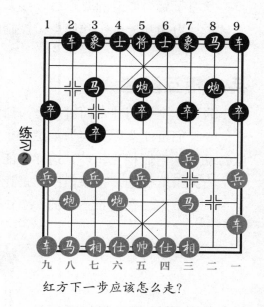

红方下一步应该怎么走？

我们来看下面两个盘面，判断一下红方的开局是否合理？

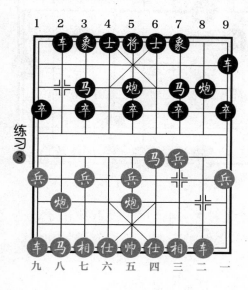

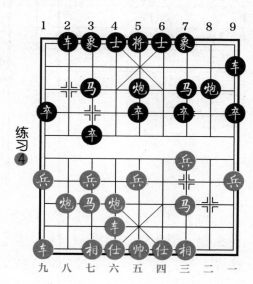

第3节 兵力部署要点

学习了兵力调遣的要点后，接下来，我们学习兵力的部署。本节将从人员（兵力相互配合）和地点（控制中心区域）两个方面来详细讲解。

兵力相互配合

假设让士兵们独自面对危险，他们会怎样呢？

士兵们可能会因为实力不足而难以自救。因此，将领们会让士兵们组队行动，让它们相互保护，这样才能更好地完成任务。

士兵组队行动，在象棋中就是让棋子成为有根的棋子，棋子之间相互保护。接下来，我们看下面的一个棋盘，对比红方和黑方的兵力部署。

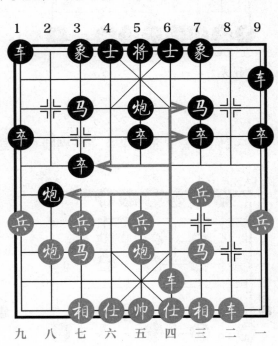

回合	红方	黑方
1	炮二平五	炮8平5
2	马二进三	马8进7
3	车一平二	车9进1
4	马八进七	马2进3
5	车九进一	炮2进3
6	兵三进一	卒3进1
7	车九平四	

如上图，红车下一步就可以沿着竖线对黑方4个棋子发起攻击了，为什么呢？因为这4个棋子都没有其他棋子来保护它们，是没有根的棋子。这样一来，黑方就处于被动防守的局面。

这样一对比，红方的兵力部署优势是不是很明显了呢？

控制中心·区域

我们知道战斗开始要优先派遣车、马、炮，那么，要把这些棋子放在哪里呢？

在战斗开始的时候，将领们会把士兵派往军事要道上防守和埋伏。象棋的开局也一样，我们要把威力强大的棋子放在要道上。

象棋的要道在哪呢？接下来，我们来看一个棋盘，从棋盘上了解象棋的要道吧！

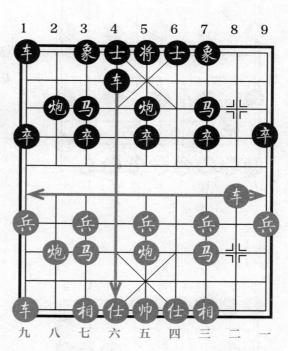

回合	红方	黑方
1	炮二平五	炮8平5
2	马二进三	马8进7
3	车一平二	车9进1
4	马八进7	马2进3
5	车二进四	车9平4

要道一定是能让棋子发挥最大威力的地方，而肋道和河界就是这样的地方。

如上图，红车在河界上，可以控制17个交叉点；黑车在肋道上，可以控制16个交叉点，它们发挥了最大的威力。

红车在河界上，红方任何棋子走到河界上都受它保护，黑方任何棋子过来它都可以攻击。

黑车在肋道上，与红车在河界上的作用相似。

练习

兵力部署时人员要相互守护，并且要快速占领要道。接下来，请小棋手实际操作一下吧！

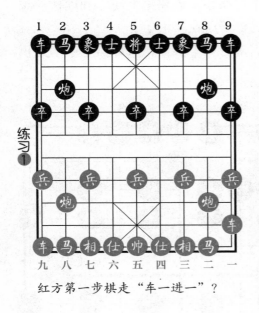

红方第一步棋走"车一进一"？

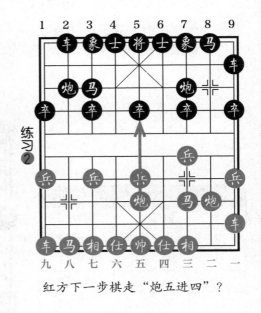

红方下一步棋走"炮五进四"？

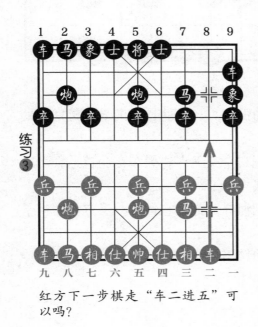

红方下一步棋走"车二进五"可以吗？

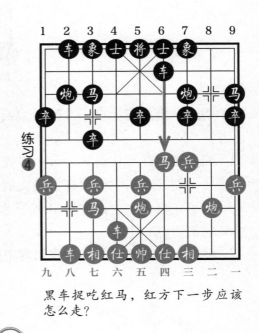

黑车捉吃红马，红方下一步应该怎么走？

第4节　走棋的有效性

在开局阶段不要急着让棋子过河和攻击，我们要平衡利弊，避免因为冒进而失去先手优势。

冒进的炮

我们曾经讲过在开局时用炮吃马，被车反吃的案例，现在我们以此为例，来分析冒进可能带来的后果。

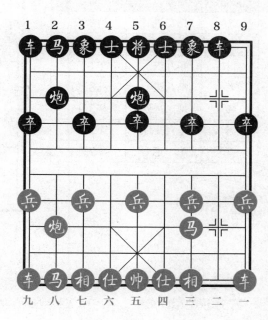

回合	红方	黑方
1	炮二进七	车9平8
2	马二进三	炮8平5

第一回合：红方用红炮兑换黑马。开局时炮的威力为3，马的威力为2，从棋子的价值比较，红方吃亏。兑子之后黑方已经出动了车，而红方没有出动任何棋子，红方有效步数为0步，黑方有效步数为1步。

第二回合：红方在第二步出动红马，而黑方平炮亮出后面的黑车，让车独占8路，强力压制红方，红方下一步棋无法走"车一平二"。

双方只是各走了两步棋，红方就失去了先手优势。因此，在走棋时要平衡利弊，计算走棋的有效步数。

上一个盘面是炮兑换马，使自己处于劣势，那我不攻击，先过河可以吗？

接下来，我们来看下面的一个盘面，看红方先让红炮过河，棋局会如何发展。

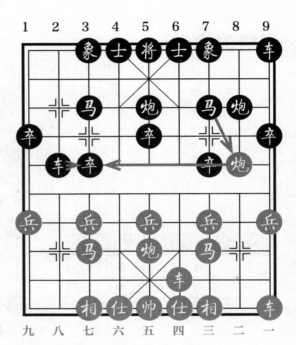

回合	红方	黑方
1	马二进三	炮2平5
2	炮八平五	马2进3
3	车九进一	车1平2
4	马八进七	马8进7
5	炮二进四	卒3进1
6	车九平四	车2进4
7	炮二退一	卒7进1

有效步数：先看红方第5和第7步棋，这两步棋红炮一进一退，就浪费了一步棋，红方有效步数为6步，黑方有效步数却是7步。

当前局势：黑方棋子行动路线通畅，可发起攻势，红方处于劣势。红方的炮被黑马捉吃，红炮无法通过吃掉3路的黑卒避开黑马，红炮只能避开，这就再次浪费了一步棋。

经过以上两个盘面的分析，你有什么收获呢？

其实，在很早以前就有人总结了经验，并有"炮勿轻发"的口诀流传下来。这是在告诉我们，在开局阶段，炮不要轻易隔子吃子，打入敌方阵营，也不要轻易过河。

急躁的马

除了"炮勿轻发"之外，前人还总结出了"马忌躁进"的经验，意思是说开局阶段，马不要跑太快了，不然就会被绊马腿，被困住。

如下图，红方第4步棋进红马前的兵，目的是移开绊马腿的棋子，让红马下一步棋可以跳到河界上，之后两步棋红马一路前进，直接跳到黑方阵营吃掉黑卒。接下来，我们来分析双方的局势，看看马跑太快的后果。

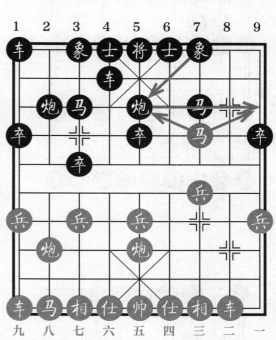

回合	红方	黑方
1	炮二平五	炮8平5
2	马二进三	马8进7
3	车一平二	车9进1
4	兵三进一	车9平4
5	马三进四	马2进3
6	马四进三	卒3进1

红方的局势： 红方只出动了一侧的棋子，并且红马被黑马绊住了马腿，不能进二和进四，进一会被黑炮吃掉，进五会被黑象吃掉，红马基本是被困住了。

黑方的局势： 黑方两侧棋子均衡出动，并且黑车占领肋道，3路黑马可以跳到河界上。

综合以上信息，红方已出动4个棋子，其中马已被困，当前是无效棋子；黑方已出动5个棋子，这5个棋子都是有效棋子。

练习

我们来判断一下哪一方的走棋更有效吧。

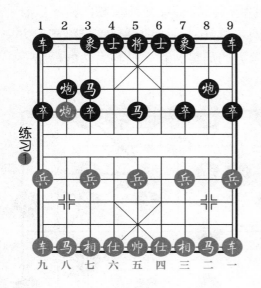

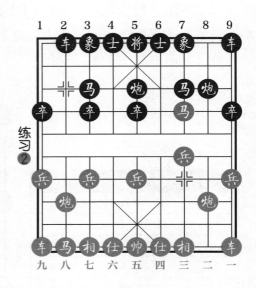

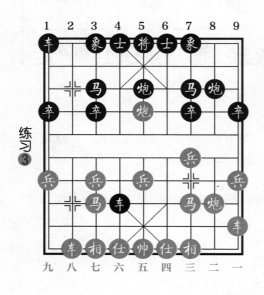

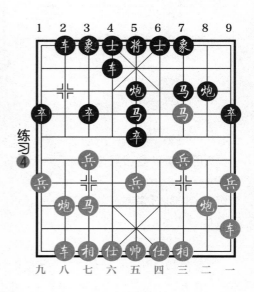

第 **6** 课
指挥官的作战法
——对面笑

　　下象棋的目标是困住或捉住对方的将（帅），接下来，我们讲一讲指挥官如何利用他的本领击败对方。

第1节　作战图

小棋手，你还记得指挥官的本领吗？指挥官有两种本领，一种是近身术，另一种是擒王术。指挥官想击败对方的指挥官，就得用上擒王术。

现在，我们一起来看看擒王术的作战图吧！

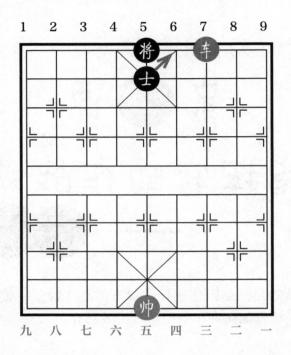

应将的方法有"消将""避将"和"垫将"，如果对方是用炮"将军"，可以用"拆炮架"来应对。在上图中，红方用红车"将军"，黑方应对方法如下。

消将：黑方没有能吃掉红车的棋子，消将无法实行。

避将：黑将平移后，依旧在红车的攻击范围内，避将无用。

垫将：黑方退黑士阻挡红车，但退士之后黑将就暴露在红帅的攻击范围内，红方获胜。

这种迫使黑方暴露黑将，让黑将与红帅在同一直线上面对面的战术，我们称之为"对面笑"。

第2节 攻方策略

你可能会问，什么样的棋局形势可以使用对面笑作战法呢？

接下来，我们以红方为进攻方，详细分析对面笑作战法。

士象受阻

如果对方的士象齐全，但行动受阻时，我们就可以先出帅，再组织其他棋子进攻，以对面笑作战法擒住黑将了。

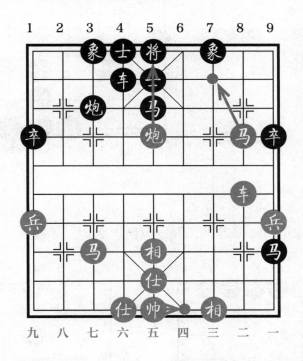

如上图，红炮在中路上，中路上的黑马和黑士都不能移开，只要移开黑将就会被吃；黑马占了黑象进5的交叉点，黑象无法救援黑将。

作为攻方应抢先让红帅平四，占领肋道，不能让黑将先一步平6哦！红帅平四后，再调红马去攻击黑将，就能以对面笑作战法取胜啦！

● 行棋演示

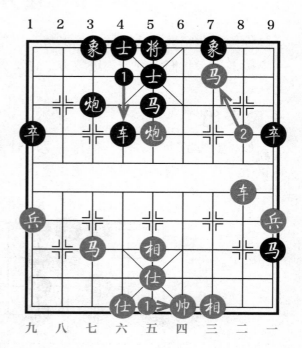

①帅五平四 ①车4进2
红方先平帅，抢先占领四路，黑方进车捉炮。
②马二进三
红方进马将军，黑方无法应将，红方获胜。

练习

以下棋局都轮到红方走棋，红方应该怎么走，才能将死黑方呢？

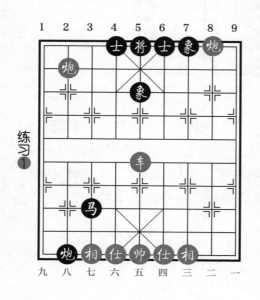

练习①

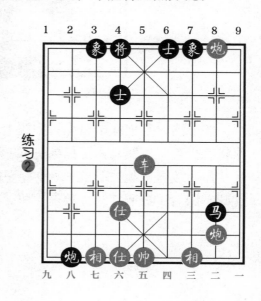

练习②

士象不全

　　如果对手缺少士和象，九宫内没有其他棋子保护黑将，这时我们就要让红帅占中路，再用车、炮、兵这种直线行走的棋子纵向攻击黑将。

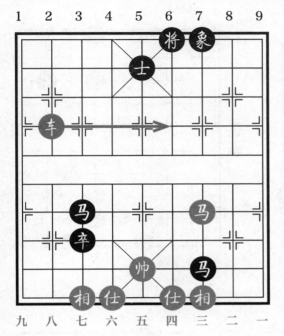

　　如左图，黑方缺一个士和象，九宫内缺少棋子保护，红帅占中路，作为攻方只要平车至四路，就能以对面笑作战法擒住黑将啦！

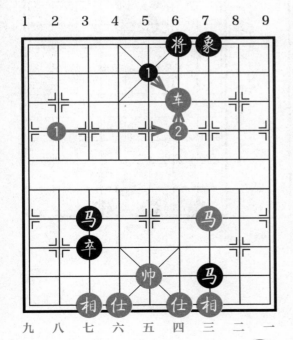

● 行棋演示

❶车八平四　❶士5进6
　　红方平车将军，黑方进士垫将。

❷车四进一
　　红方进车吃黑士，将军，黑方无法应将，红方获胜。

练习

以下棋局都轮到红方走棋，红方应该怎么走，才能将死黑方呢？

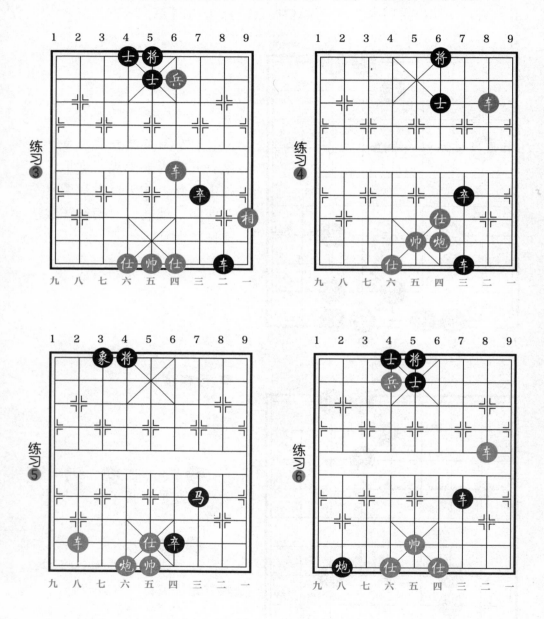

第3节 守方策略

要防止对方实施对面笑作战法，守方可以从两个方面着手：一方面是黑将的活动路线要通畅；另一方面是九宫内要有棋子及时救援。

灵活的将

当黑将的活动路线多，红方就很难以对面笑作战法击败黑方。

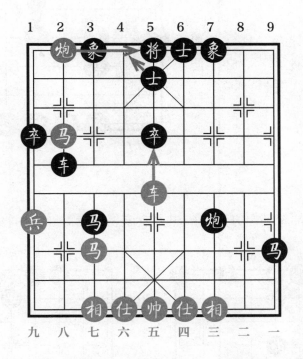

如上图，红炮在底线上将军，黑方不可以退士，退士就会受红炮牵制，这一侧的士象都无法活动，这就使黑将的行动路线受阻。

如果黑方退士，红方就可以抢先平帅至四路，再进车将军。

黑方正确的应将方法是走开象，接下来，我们演示一下黑方应如何走棋。

● 行棋演示

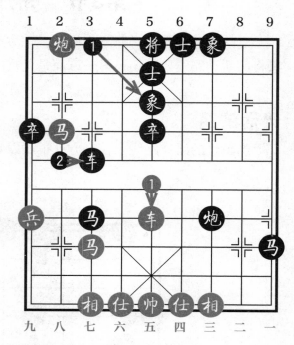

❶象3进5 ❶车五退一

黑方走开黑象，以拆炮架的方法应对红炮将军，红方退车捉黑马，并想在下一步进车至底线将军。

❷车2平3

黑方平车之后，能守住黑马，防止红车吃黑马，还能防止红方走"马八进七"将军。

练习

以下棋局都轮到黑方走棋，黑方应该怎样应对红方的将军呢？

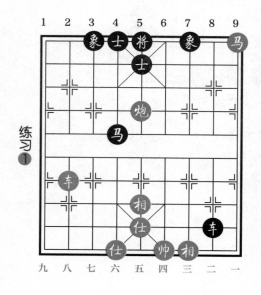

练习❶

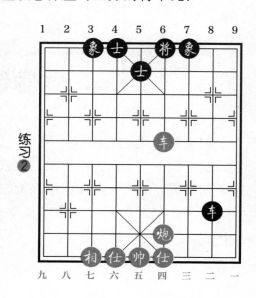

练习❷

棋子支援

　　当黑方的士象路线受阻或缺失时，九宫内的守护就有了漏洞，此时，需要把炮和车这种直线活动的棋子退回到九宫内，守护黑将。

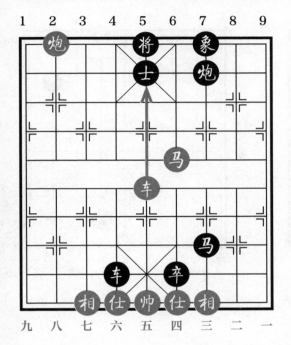

　　如左图，现在由黑方走棋，黑方需要快速回防，不能走其他棋。因为红方下一步可以进车吃士将军，黑将吃红车就对面笑了。

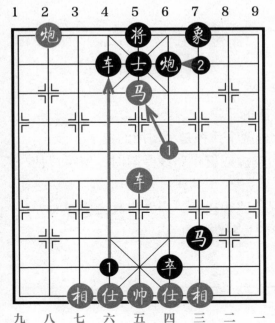

● **行棋演示**

　　❶车4退7　①马四进五

　　黑方退车守住黑士，红车就不敢吃棋了，红方进马，准备下一步吃黑炮并将军。

　　❷炮7平6

　　黑炮平6之后，就能防止红马进三将军，因为黑炮绊住了红马的马腿。

练习

面对红车下一方将军的威胁，黑方应该怎样走棋呢？

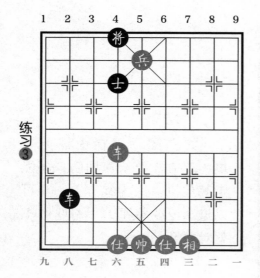

练习 3

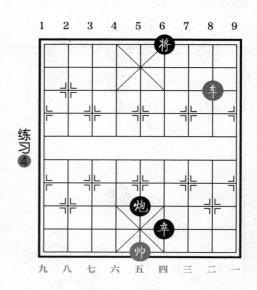

练习 4

小提示

我们来总结一下对面笑作战法的要领。

在对面笑作战法中，车和炮这两个兵种是最实用的棋子。

作为攻方，当对方九宫兵力空虚或行棋路线受阻时，就可以使用车和炮，部署对面笑作战法了。

作为守方，首先九宫内要保持路线通畅，当九宫兵力空虚时，要及时调回车、炮这种直线行走的兵种防守九宫。

第 7 课
双炮的作战法
——重炮

　　这节课我们派出双炮作战。双炮作战威力很强大，如果对手不熟悉这种作战法，你甚至可以在开局几步棋内就击败他！

第1节　作战图

炮有了炮架就可以立即攻击，而炮架可以是任意一个棋子。那么，当我们用炮对准对方的将（帅）后，会有怎样的威力呢？

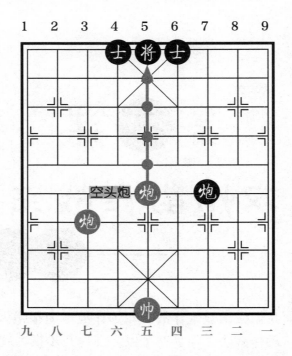

如上图，红炮对准黑将，它与黑将之间就差一个炮架就可攻击黑将，这种差一个炮架的炮称为"空头炮"。

空头炮的威力很大，红方架上空头炮之后，黑棋就无法在红炮与黑将之间落子了，只要落子，红方立即攻击黑将，取得胜利。

你可能会有疑问，不是说要讲解重炮作战法吗？现在讲的是空头炮呀！小棋手不要着急，我们继续往下讲。

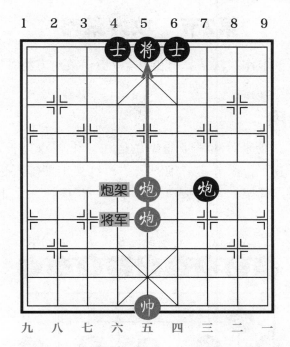

我们把另一个红炮也移动到中路来，前炮做炮架，后炮将军，现在黑方不能在前炮与黑将之间垫子，黑将也无法避开红炮，更没有办法吃掉后炮，黑方被将死。

这种前炮做炮架，后炮将军，并将死对方的作战法就叫"重炮"。

重炮作战法不仅可以在竖线上实施，也可以在横线上实施。只要双炮与将（帅）位于同一直线就可以。

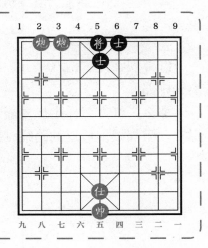

第2节　攻方策略

如果不了解重炮作战法，就可能在第7步棋被对方将死哦！

作战法的运用

　　我们从红方立场来分析一下重炮的运用。下图双方各走了2步棋，红方先走"炮二平五"，黑方走"炮8平5"；红方走"炮五进四"，黑方走"炮5进4"。双方都架上了空头炮，红方下一步应该怎么走呢？

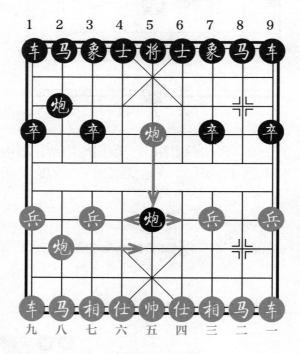

　　红方现在走"炮八平五"黑炮就能立即吃掉红帅，红方需要先让黑炮离开中路。

　　那么，红方怎样走棋才能迫使黑炮离开中路呢？其实，红方走"炮五退二"阻挡黑炮后退的路线，接下来，就能让黑炮乖乖地离开中路啦！

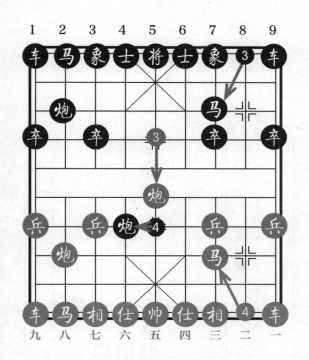

③炮五退二　③马8进7

红方退炮堵住黑炮后退的路线，黑方并未发现红方意图。

④马二进三　④炮5平4

红方进马捉黑炮，黑炮平4离开中路，红方解除了空头炮的威胁。

你看，黑炮乖乖地离开了吧！

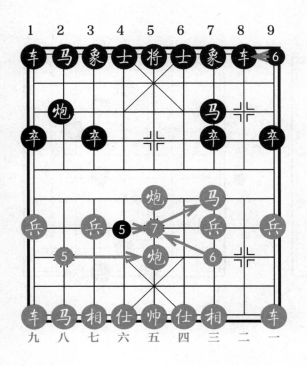

⑤炮八平五　⑤炮4平5

红方平八路炮至中路，前炮做炮架，后炮将军；黑方在双炮之间垫子，隔断红方后炮将军。

⑥马三进五　⑥车9平8

红方进马吃掉黑炮，黑方为了解除重炮的威胁，想出车来吃掉红方后炮。

⑦马五进三

红方走开红马，重炮将军，黑方的车晚了一步，红方获胜。

练习

现在由红方走棋，红方如果想运用主炮的作战法，应该怎样走棋呢？

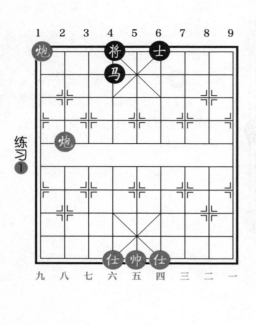

练习 ①

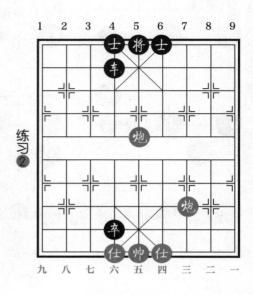

练习 ②

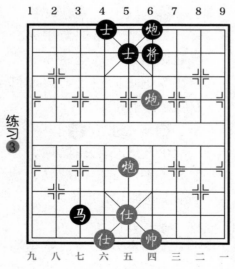

练习 ③

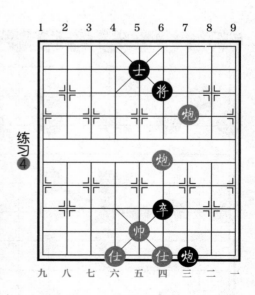

练习 ④

第3节　守方策略

应对重炮时不能吃掉前炮，也不能在前炮与将（帅）之间垫子，那么应该如何应对呢？其实，有3种策略可以应对重炮。

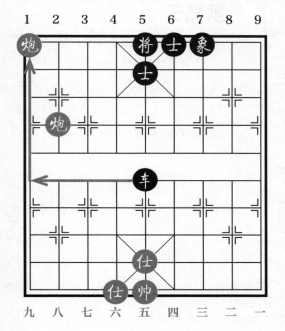

策略一

走棋盯住对方的后炮，下一步吃掉后炮。如左图，黑方走"车5平1"盯住红方后炮，当红方走"炮八进三"后，可以吃掉红方后炮。

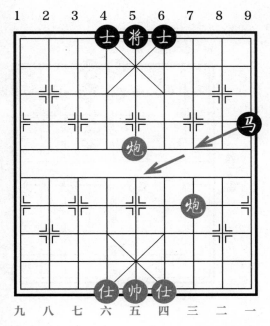

策略二

走动棋子垫在双炮之间，隔断重炮。如左图，黑方走"马9进7"，当红方走"炮三平五"后，黑方走"马7进5"隔断红方的重炮。

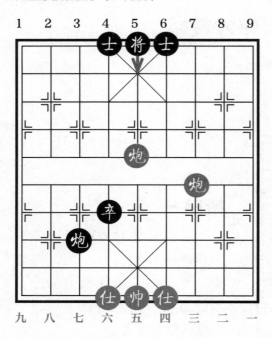

策略三

提前进将（帅），让将（帅）能灵活行动。如左图，黑方走"将5进1"，当红方走"炮三平五"后，黑方可以平将至4路或6路。

练习

如果你是黑方，现在由你走棋，你应该怎样走棋呢？

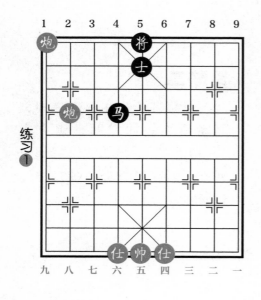

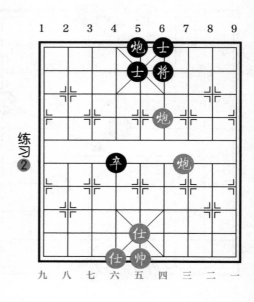

第 8 课
炮的作战法
——闷宫

炮的作战法不仅仅有重炮，还有一种超厉害的作战法——闷宫！接下来，我们讲解闷宫作战法。

第1节　作战图

　　我们从字面含义去理解"闷宫"，应该是把对方的将（帅）困在九宫里，让它无法逃脱。

　　如下图，黑方双士分别在黑将前方和旁边防御，双士的位置阻挡了黑将的去路，黑将只能平4。

　　现在问题来了，红炮应该走到A点还是B点，才能让黑将无法逃脱呢？

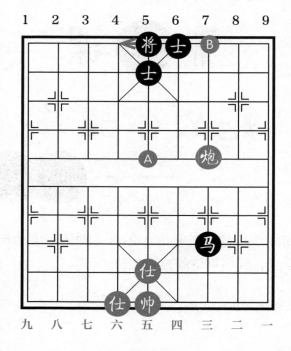

　　正确答案是B点。红炮到A点和B点都是将军，有什么区别呢？

　　红炮在A点将军时，黑方可以走"士5退4"拆炮架来解除将军，或者走"将5平4"避将来应对。

　　红炮在B点将军时，由于5路黑士的阻挡，拆炮架和避将的应对方法都无法实行。黑方既没有棋子能吃掉红炮，又无法阻挡红炮，因此，黑方无法应将，红方获胜。

　　这种利用对方的两个士阻塞将的活动路线，再利用对方不能移动的士做炮架，进行将军的作战法被称为"闷宫"。

第2节　攻方策略

我们把闷宫的解释拆成两个部分来看：

利用对方的两个士阻塞将的活动路线　前提条件

再利用对方不能移动的士做炮架　攻击要领

前提条件

　　对方的双士阻塞将的活动路线是成功实施闷宫的前提。我们先来看两个棋盘，学习判断怎样的棋局是双士阻塞黑将的局势。

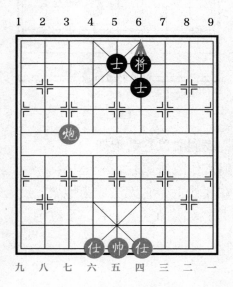
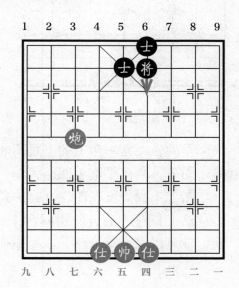

　　这两个棋盘都属于双士阻塞黑将的局势，它们的相同点是：一个士在九宫中心，另一个士在九宫一角，黑将与双士在一个三角形上，黑将只有一个可移动的点。

攻击要领

利用不能移动的士作为炮架是实施闷宫作战法的要领。我们接着看这两个棋盘，你先判断一下，哪个士是不能移动的。

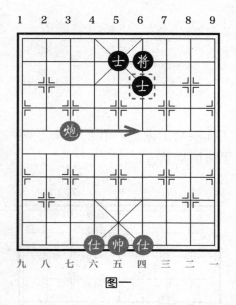

图一

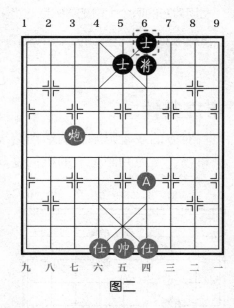

图二

是的，九宫一角上的士是不能移动的，我们要以它为炮架。

图一：直接平炮至四路将军，就能以闷宫作战法取胜。

图二：我们发现图二九宫一角的黑士在底线上，它无法成为炮架，所以，这个棋盘不适合使用闷宫作战法。但是，如果在A点上有一个红炮，我们就可以平炮至五路，以重炮作战法取胜。

小提示

通过以上两个棋盘的分析，不难发现，重炮和闷宫这两个作战法都是对方的双士阻塞了黑将的活动路线，我方才能成功实施作战。

在炮的作战法中，对方的士对我方是有利的，所以才有"有炮留他家士"的说法。

练习

如果你是红方，现在由你走棋，你应该怎样走棋呢？

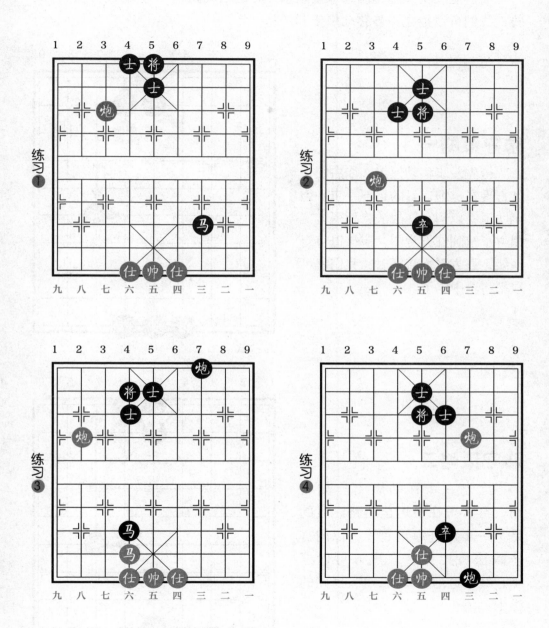

第3节　守方策略

闷宫能成功实施是因为双士阻塞黑将的活动路线，想要接除闷宫的威胁，我们可以抢先一步移动黑士和黑将。

防守策略一

抢先一步移动黑将。如右图，红方现在退炮，目的是下一步平炮至肋道，以闷宫作战法将死黑方。黑方了解到红方意图，应该退将至底线，红方平炮将军时，我们就可以平将至中路了。

防守策略二

抢先一步移动黑士。如右图，红方现在平炮至三路，目的是下一步棋进炮至底线，以闷宫作战法将死黑方。黑方可以退士，红方进炮将军时，再进6路的黑士。

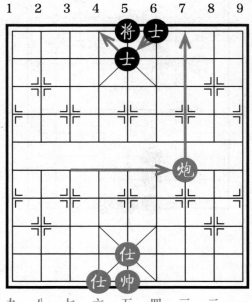

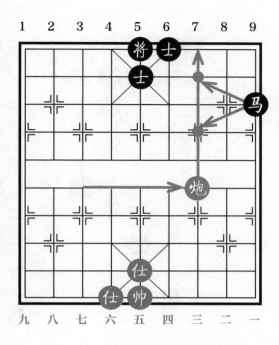

防守策略三

抢先一步阻塞红炮的路线。如左图，红方进炮的路线上，有两个交叉点是黑马可移至的点，黑马进7或退7都可阻挡红炮移动至底线上。

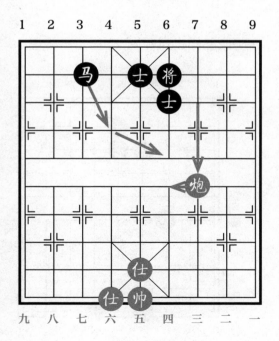

防守策略四

在红炮前垫一个棋子。如左图，黑方进马至4路，当红炮平四将军时，黑马进6，解除将军局面。

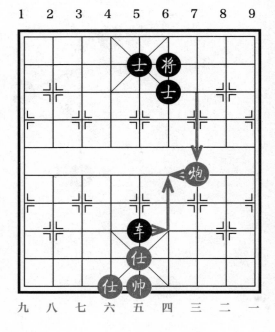

防守策略五

还有一种方法是守株待兔，让自己的棋子守住红方下一步棋要落子的地方。如右图，黑方平车至6路，红方平炮将军时，黑车就能吃掉红炮。

练习

如果你是黑方，现在由你走棋，你应该怎样走棋呢？

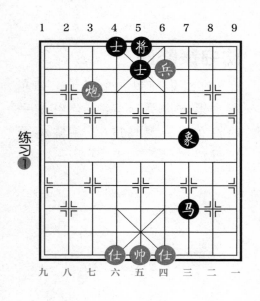

练习 ①

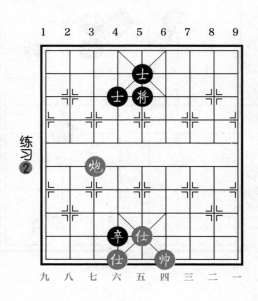

练习 ②

第 **9** 课
双车的作战法
——双车错

　　我们已经学习了炮的作战法，作为最强战力的车，它的作战法应该更厉害吧！这节课，我们就来讲双车的作战法。

第1节　作战图

我们先来理解"双车错"的字面含义。双是指两个、一对；双车的意思就是两个车。错在这里的含义是交叉着、避开。

> 双车错作战法是指两个车位置相互避开，不在同一直线上，交叉着连续将军，把对方将死。

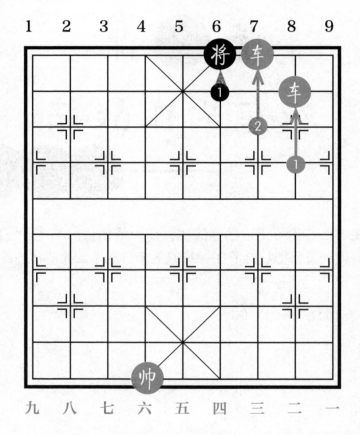

如上图，红方两个车分别在二线和三线上，位置错开，在行动时互不干扰，然后用两个车连续将军，黑将无法避开红车，从而输棋。

第2节 攻方策略

在使用双车错的作战法时，你可能会在选择进攻方向上遇到困难。因为双车既可以在横线上将军，也可以在竖线上将军。而且，小棋手还可能会纠结先用哪个车来将军的问题。接下来，我们将为大家解答这两个问题。

双车的行走方向

下图中，红方两个巡河车分别位于七路和九路上，现在由红方走棋，红方想运用双车错将死黑方，红车应该横走还是竖走呢？

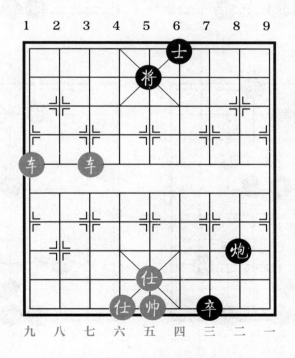

红车应该竖走，红车横走没有办法将死黑方。为什么呢？因为红车在同一横线上，横走无法连续将军。

接下来，我们来演示一下红车横走的走棋步骤。

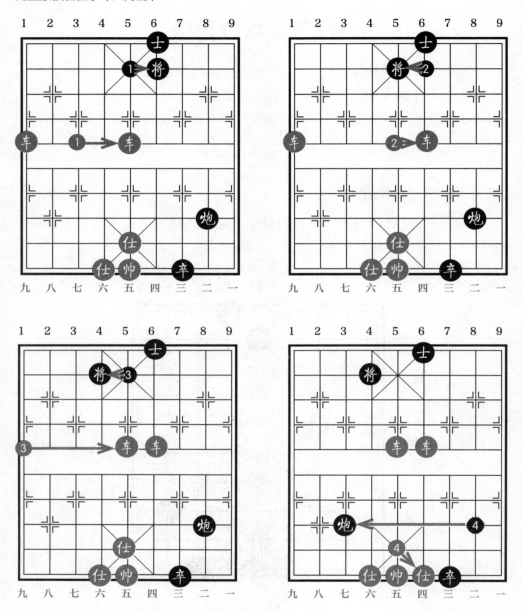

　　如上图，红方前3步棋都是用红车将军，但都让黑将避开了，第4步棋就不能再将军了，继续将军就是"长将"，是不允许的走棋方法。

　　为了更好地实施双车错作战法，双车的位置一定要横向错开或竖向错开哦！

练习

双车的位置要错开，行走的方向要正确，才能成功实施双车错作战法。小棋手，请你帮助红方走动棋子吧！

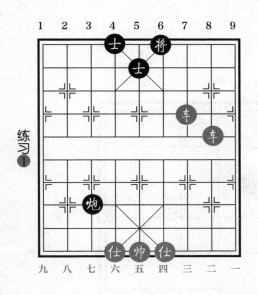

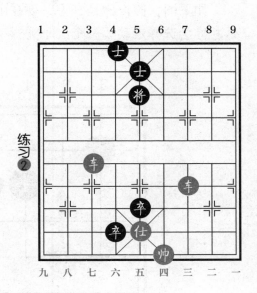

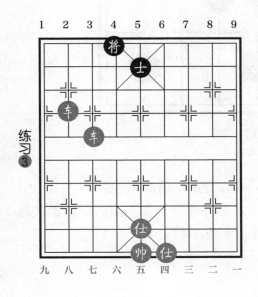

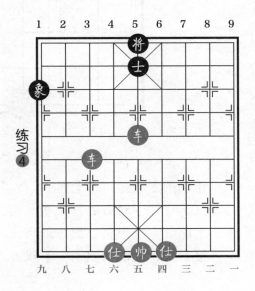

优先行动的车

运用双车错作战法时，还需要注意先走哪个车，如果你走错了就需要花费更多的步数才能将死对方。

如下图，假设你是红方，现在由你走棋，你必然会选择走动红车，那么，你会选择走动哪一个红车呢？

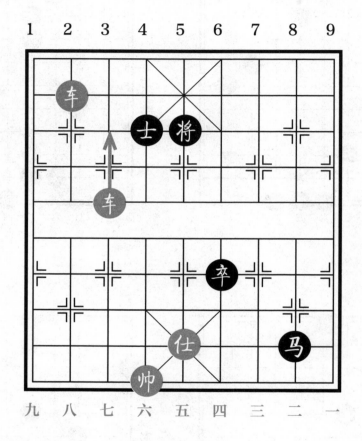

正确的走法是"车七进二"，我们来看看走棋后的棋局。

红车守住了对方的宫顶线和宫二线，黑将和黑士都不能后退：黑方退士，七路红车吃黑将；黑方退将，八路红车吃黑将。

接下来，我们来演示一下双方走棋。

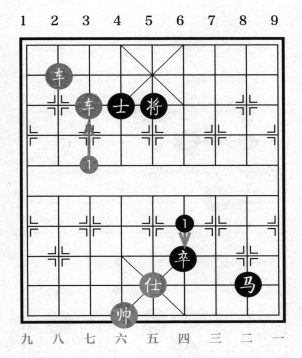

❶车七进二　**❶**卒6进1

红方进车，黑士不能移动，黑将只能平6，但黑将平6也无法避开红车，黑马守住红方两个仕角，不便移动，所以黑方走动黑卒。

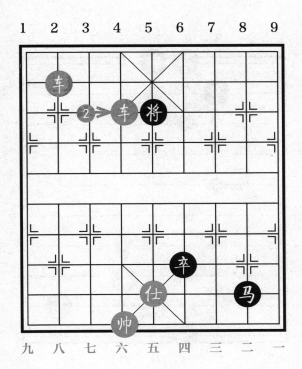

❷车七平六

红车平六吃掉黑士，并将死黑方。因为红帅在六路，黑将就不能平4吃掉红车，黑将平4红方就以对面笑作战法取胜。

小提示

对面笑作战法可以协助其他作战法的实施，将帅独自占领一条竖线后，就能以对面笑威慑对方。

假设先走动八路上的红车，会怎样呢？我们来演示一下。

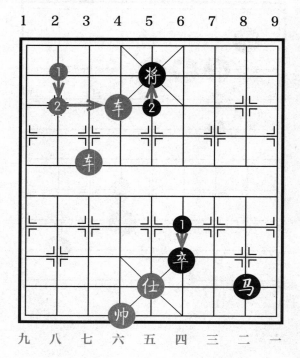

❶车八退一 ❶卒6进1
红方退车捉吃黑士，黑方无法救助黑士，走动黑卒。

❷车八平六 ❷将5退1
红方吃掉黑士并将军，黑方退将。

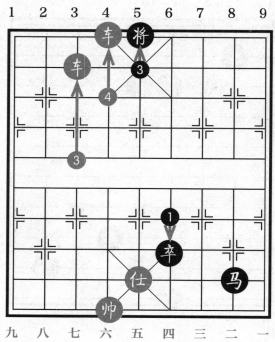

❸车七进三 ❸将5退1
红方进车继续将军，黑方继续退将。

❹车六进二
红方让七路的车控制宫二线，防止黑将再进1；用六路的车将军，并将死黑方。

当车控制了九宫中路的3个交叉点，或宫二线的3个交叉点时，才能在下一步棋将死对方。

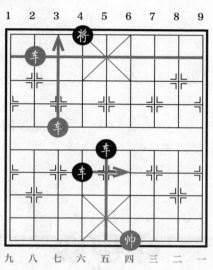

练习

如果你是红方，现在由你走棋，你应该怎样走棋，才能以双车错将死黑方呢？

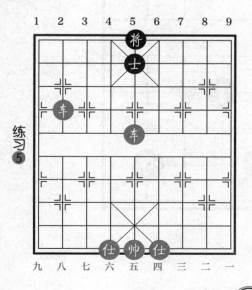

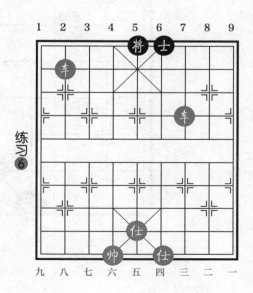

第3节　守方策略

对方运用双车错作战法时，一般是在己方缺少仕（士）的保护，或者将帅暴露在外时。以下我们以黑方为防守方，讲解两个应对双车错的方法。

将不外露

将在初始位置上最为安全，在这个位置上两个士可以抵挡前方和侧面的攻击。

如下图，黑将在初始位置上，双士在两侧掩护黑将，红方双车只能平五将军，黑方可以进6路的黑士应对。注意了，一定要走动与对方双车方向相反的士。

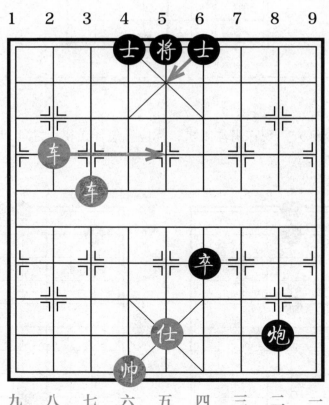

用炮掩护

当己方缺少一个士之后，需要把己方的黑炮派遣回来保护黑将。

如下图，红车在棋盘左侧，黑炮在棋盘右侧，黑炮以黑将为炮架，控制棋盘左侧4个交叉点，红车不能进到底线上来将军。黑将前方的黑士掩护，前方安全，两侧也安全，红方就无法实施双车错了。

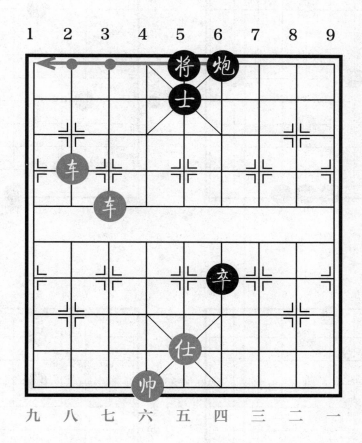

练习

学习了两种应对双车错的方法，接下来，请你帮助黑方走动棋子，解除红方双车错的威胁吧！

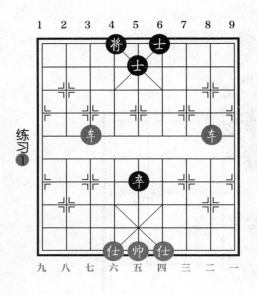

练习❶

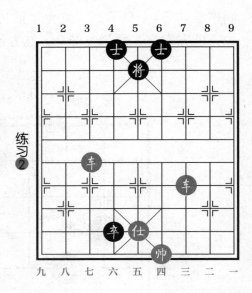

练习❷

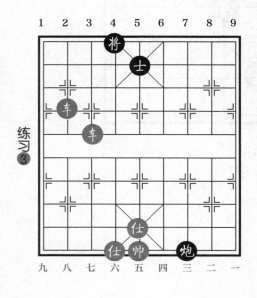

练习❸

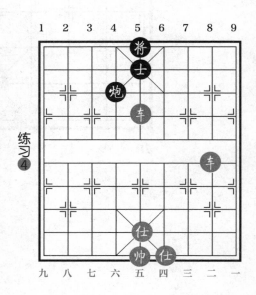

练习❹

第 10 课

双马的作战法
——双马饮泉

　　马最多可以控制8个交叉点，威力排第三。这节课，我们来讲双马的作战法。

第1节　作战图

　　在讲双马的作战法之前，我们先来看看下面的盘面，来了解一下马对敌方九宫的威胁。

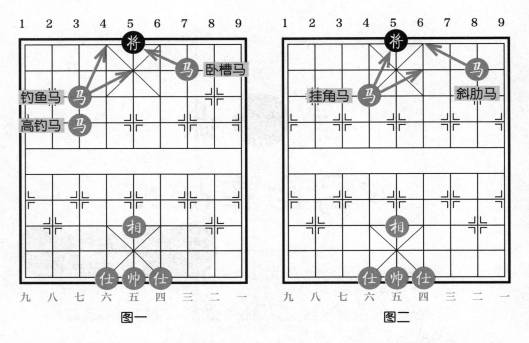

图一　　　　　　　　　　　　　图二

　　马到达棋盘上的某些位置上时，对敌方的威慑力会变大，这些马有威风的名字，接下来，我们来认识一下这些威风的马吧！

　　钓鱼马：马落在对方象位之前的第二个交叉点上，它可以守住九宫中心和一个底士的位置，将不能移动到这两个位置上。注意了，比钓鱼马再高一个点的马，叫高钓马。

　　卧槽马：马落在对方象位之前的一个交叉点上，在这个位置上的马可以攻击位于初始位置上的将。

　　挂角马：马在对方4个士角位上，当马位于对方高士角位上时，可以攻击位于初始位置上的将，还能守住肋道上的一个点。

　　斜肋马：马落在对方马位之前的一个交叉点上，这个位置上的马可以守住一个底士的位置。

用以上介绍的两个马配合作战，一个马把守将门，让将无法逃离，一个马负责攻击，最终把对方将死，是双马作战的基本思路。

我们来看下面的棋盘，深入了解一下双马作战法的威力。

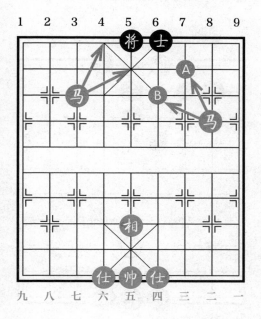

如左图，七路的钓鱼马把守将门，黑将无法离开；二路的马跳到A点是卧槽马，跳到B点是挂角马，都可以攻击黑将，黑方无法应将，即被将死。

小 提 示

小棋手注意啦！使用卧槽马和挂角马这两个作战法时，双马需要分两侧进攻，不然就会绊住钓鱼马的马腿。

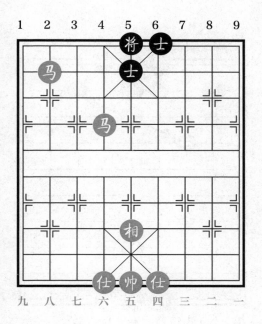

如果双马齐聚一侧应该怎么进攻呢？这时就需要使用双马饮泉作战法啦！

如左图，红方斜肋马控制了将门，六路的红马负责攻击，它该怎么走呢？接下来，我们继续学习攻方策略。

第2节　攻方策略

双马齐聚一侧，把守将门的马不可移动，另一个马左右盘旋，连续进攻，就能将死黑方。接下来，我们来学习马进攻的行动路线。

行动路线

❶ 马六进七　**❶** 将5平4

红方进马，卧槽马将军。现在，卧槽马绊住了斜肋马的马腿，所以黑将可以平4，避开卧槽马。

❷ 马六进七

既然卧槽马绊马腿了，就立即走开卧槽马，让斜肋马将军。

注意了，走开卧槽马时，一定要跳到中线上去哦！这是为什么呢？我们接着往下看。

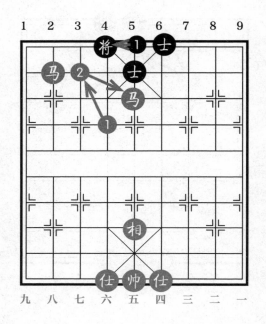

斜肋马将军，黑将可以移动到A、B两个点，而刚才红马退到中线的优势就体现出来了。

黑将移到A点，红马跳到A1点将军，以卧槽马将死对方。

黑将移到B点，红马跳到B1点将军，以高钓马将死对方。

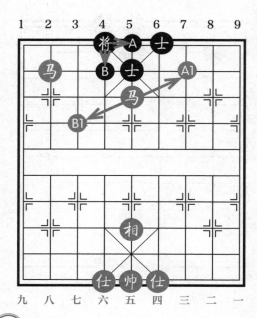

第3节　守方策略

防守双马的最佳方法就是羊角士了。我们来回顾一下第2课讲解的仕（士）的本领，其中就有"支起羊角士，不怕马来将"。

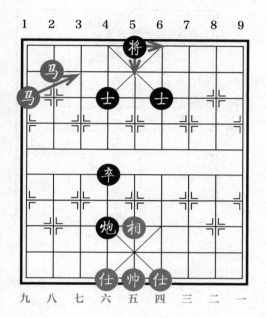

如左图，黑方已经支起了羊角士，现在红方走"马九进七"将军，黑将可以平移，也可以前进，将的活动路线不受双士阻塞。

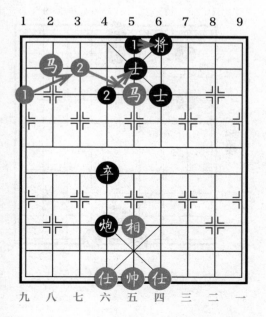

❶ 马九进七　❶ 将5平6

假设红方卧槽马将军，黑将平6，接下来双马对黑方有威慑力吗？

❷ 马七退五　❶ 士4退5

红方退马继续将军，但黑方可以退士绊马腿，这样红马就不能攻击黑将了。

注意了，要退4路的黑士哦，因为4路的黑士在斜肋马的攻击范围内。

练习

小棋手，请你帮助红方走动一个红马将死黑方吧！

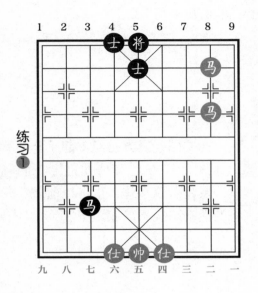

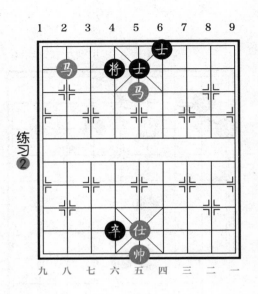

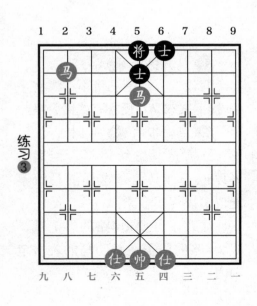

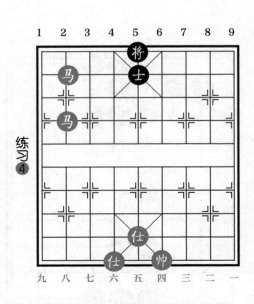

第11课
车马的作战法
——卧槽马

　　第10课我们讲了双马的作战法，那么，战损一马之后，应该怎样作战呢？仅靠一个马是很难将死对方的，此时，我们就要给马找一个搭档，与它组合作战。

　　接下来，我们派出车与马组合作战，先让车与卧槽马配合，以卧槽马作战法将死对方。

第1节　作战图

先来复习一下卧槽马的内容。跳到对方象位前一格的马叫作卧槽马。

如下图，卧槽马可以控制对方九宫内的两个点，如果将需要避开它，只能移动到九宫中心或者肋道上。此时，红车只要走到对应的直线上，就能将死对方了。

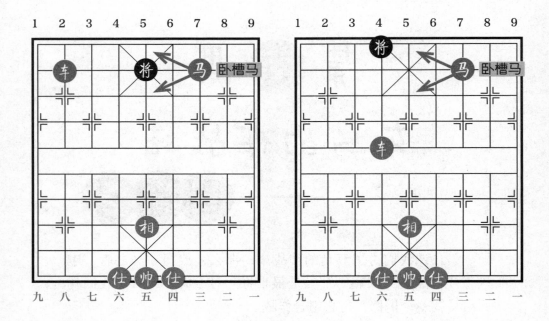

注意了！卧槽马守住了两个点，黑将是不能往回走的，红车只要判断黑将可行方向，就能将死黑将。

例如，黑将在肋道上，它就只能在肋道上前进，红车就在肋道上将军；当黑将在九宫中心，它就只能平宫二线上平移，红车就在对方的宫二线上将军。

第2节　攻方策略

卧槽马下一步棋就可以吃掉黑将，但卧槽马无法阻止黑将逃离，幸好有好搭档红车来帮忙，不过，红车应该怎样做才能帮助红马呢？

红车的行动

首先，要确保红车的行动路线通畅，保证它既能去往肋道，又能去往宫二线。为了确保红车路线通畅，它应落子在双方宫顶线之间，不能低于兵行线和卒行线。

其次，红车在行动时记住"黑将前进，我前进；黑将平移，我平移"，这样就不会走错方向了。

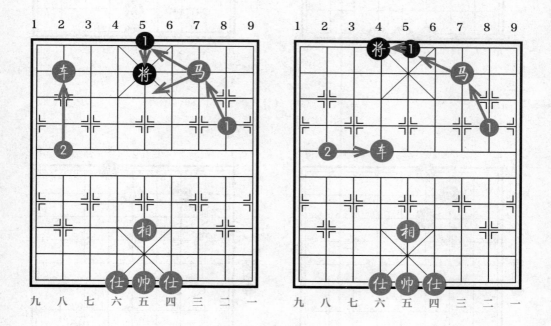

我们来看上面的盘面，红车在对方河界线上，为骑河车，它前进和平移的路线都通畅。骑河车行动时，就跟着黑将走，你们看，骑河车就捉住了黑将。

练习

小棋手，请你帮助红车行动将死黑方吧！

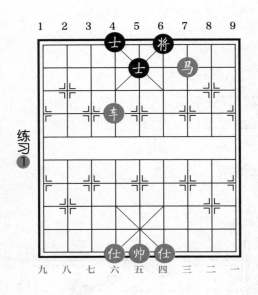

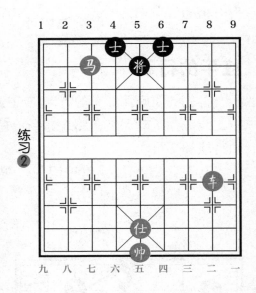

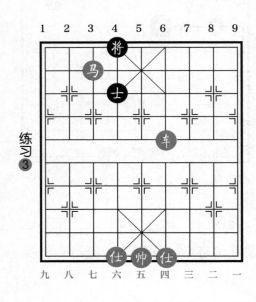

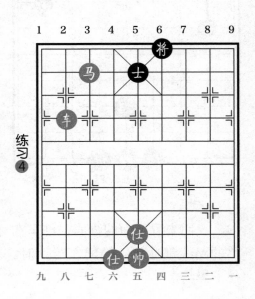

第3节　守方策略

防守卧槽马作战法的有效方法是绊马腿，下面我们来讲解绊马腿的防守行动。

防守行动

当己方士象齐全，对方使用卧槽马将军时，己方可使用车、马、炮任意一个棋子，用绊马腿的方法解除将军局面。

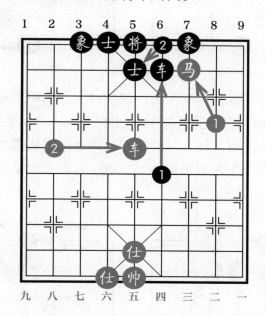

如上图，黑方士象齐全，行动路线通畅，当红方卧槽马来将军时，黑方退车绊马腿，就能解除被将军的局势。

如果，己方九宫内缺少双士的保护，对方使用卧槽马作战法时，己方应使用炮绊马腿。

我们继续往下看4个盘面，通过对比了解用炮绊马腿的优势。

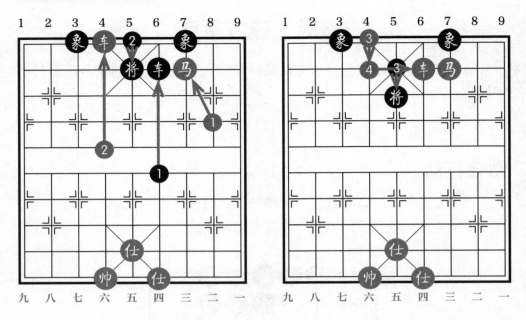

你发现了吗？当九宫内缺少黑士保护时，用黑车绊马腿是无用的，红方会在第三步棋用红车一边将军，一边捉吃黑车，并在第四步棋吃掉黑车。黑方失去黑车之后，红方可以退车，再平车将死黑方。

但是，我们把黑车换成黑炮，红车退一将军时，黑炮就可以吃掉红车解将啦！

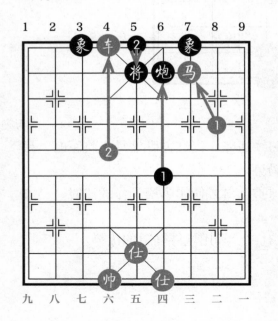

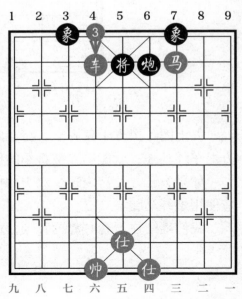

第12课
车马的作战法
——挂角马

　　除了卧槽马外，挂角马也是攻击将帅的好手。但是挂角马落子在对方的士角上，会受到士的威胁。那么我们有什么办法来解除这个威胁呢？

　　这节课我们就来讲解挂角马作战法。

第1节　作战图

　　挂角马作战法与卧槽马作战法思路相似，先把马跳到对方士角位置上，以挂角马攻击将帅，当将帅避开挂角马之后，再运用车去将死对方。

　　我们来看下面两个盘面，学习挂角马作战法。

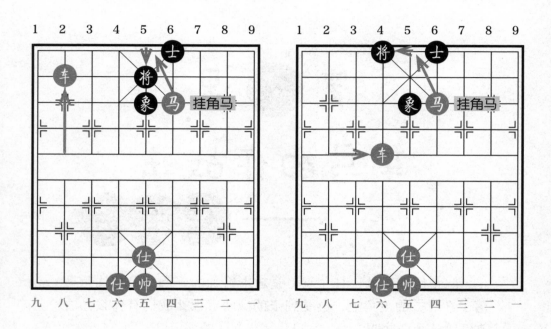

　　仔细观察以上两个盘面，可以看到红马前方有一个黑士，左侧有一个黑象，假设，这两个点上没有黑方棋子，我们还能使用挂角马将死黑方吗？

　　很明显，正是因为它们的阻塞，红方才能成功实施挂角马作战法。如果6路底士位置不被阻塞，黑方就可以平将至6路，避开红马的攻击，当红方进车将军时，黑方进将，不仅可以避开红车，还能捉吃红马。5路黑象位置与底士原理相同。

第2节　攻方策略

运用挂角马作战法时，需要观察对方的九宫中心是否有黑士，如果九宫中心有黑士，红方就要借用车、炮、帅的力量牵制它，让它无法离开九宫中心去攻击挂角马。

牵制中士

牵制中士的棋子应该怎样选择呢？我们来看下面两个盘面，学习牵制中士的方法。

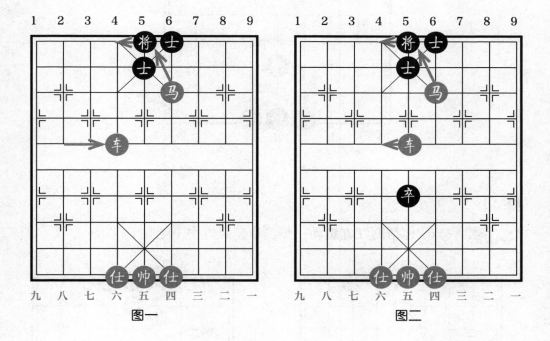

图一　　　　　　　　　　　　　图二

在图一中，红帅占据中路，黑士离开就会暴露黑将，红方会以对面笑作战法获胜，因此，这个棋局是借用了帅力牵制黑士。

在图二中，中路上有一个黑卒，此时就不能借用帅力牵制黑士了，需用到红车牵制黑士，只要黑士离开，红车就能立即吃掉黑将。

当中路上有一个黑象，我们再使用红车牵制黑士就无用啦！那么，我们应该使用什么棋子呢？我们来看下面这个棋盘，红方在中路上放一个红炮，黑士就不能离开啦！只要黑士离开，红炮就能立即吃掉黑将。

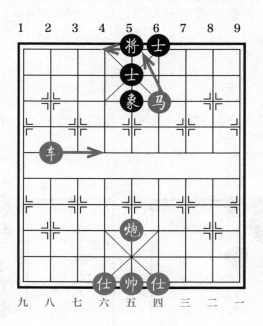

练习

小棋手，请你帮助红方走动一步棋牵制黑方中士吧！

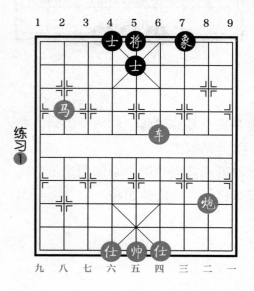

练习①

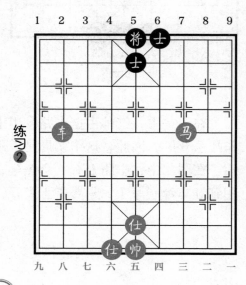

练习②

第3节　守方策略

在前面的课程中，我们讲过使用羊角士和绊马腿的方法，解除对方用马部署的杀棋。这两种方法不适用于挂角马作战法，我们来介绍一种防守对方车的方法。

黑车的守护

查看挂角马的作战图，不难发现红马的占位在高士角位，红车都是在宫二线和肋道上攻击黑将，因此，最佳防守的棋子是直行的车，最佳的防守位置是高士角位。

我们来看以下两个盘面，分析车的防守力。

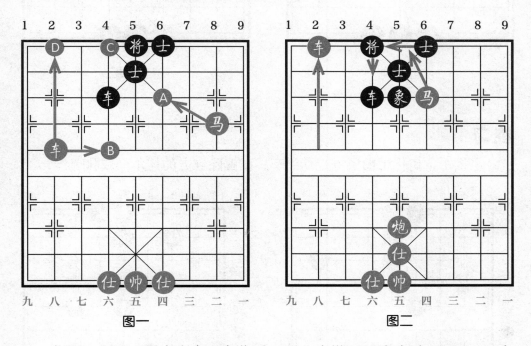

图一　　　　　　　　　　　　　图二

如图一所示，黑车在高士角位时，下一步棋可以移动到A、B、C三点上。红马移动到A点或者红车移动到B点，黑车可以吃子；红车移动到D点，黑车可以移动到C点防守。

如图二所示，黑车在高士角位上，黑象在中路，红方跳挂角马将军，黑将可以平4避开。此时，黑车的占位可以防守红车移动的肋道上，而黑象阻塞了挂角马进六的路线，黑将可自由活动避开红马和红车。

我们来演示一下黑车的防守行动，了解黑车在高士角位时的优势。

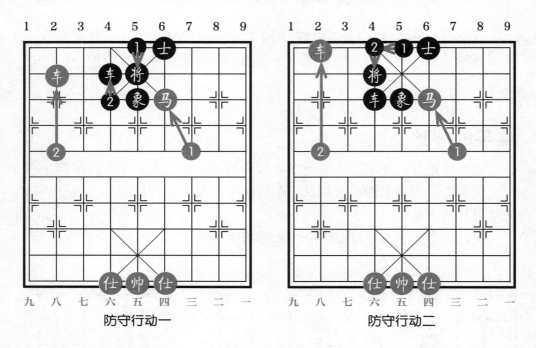

防守行动一   防守行动二

练习

小棋手，请你帮助黑方走动黑车，以解除红方的挂角马威胁吧！

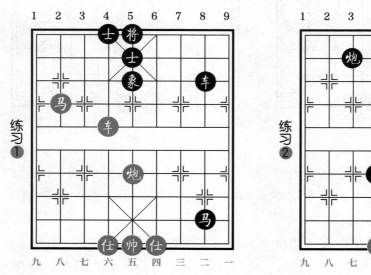

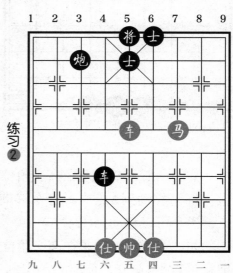

第 13 课
车马的作战法
——钓鱼马

我们学习了卧槽马和挂角马的作战法，它们都可以攻击位于初始位置上的将帅，接下来，我们学习一种不能攻击将帅，但也能将死对方的车马作战法。

第1节 作战图

当马跳到钓鱼马的位置上后，就可以控制对方九宫内的两个交叉点，如果将帅在初始位置上，就只有一个交叉点可以移动。

图一红马已经在钓鱼马的位置上，图中两个红点位置就是钓鱼马放下的鱼钩哦！现在红车应该怎样走才能让黑将咬钩呢？这就是我们这节课要学习的钓鱼马作战法。

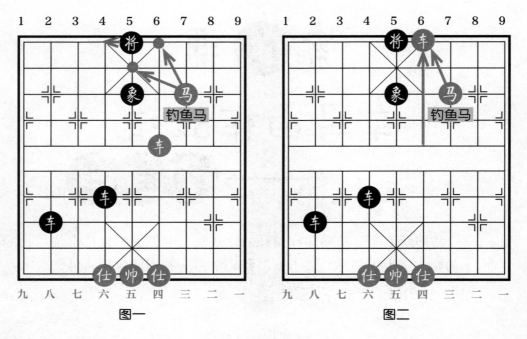

图一　　　　　　　　　　　图二

我们来看图二，当红车进到对方的底线上将军时，红车就是钓鱼马放出的鱼饵，黑将平6吃掉红车就是咬钩哦！只要黑将吃红车，就会被钓鱼马吃掉！

黑将不能吃红车，那么，黑将能逃吗？我们继续看图二，黑将进1正好撞上钓鱼马的鱼钩，红方用一个空鱼钩钓上黑将；而黑将平4后依旧在红车的攻击范围内，所以，黑将无法逃脱。

红方使用的就是钓鱼马作战法，威力强大吧！

第2节　攻方策略

　　我们在使用钓鱼马作战法的时候，如果对方有双士，对方就可以用双士阻挡红车将军。应该怎样运用钓鱼马作战法呢？

钓鱼行动

　　如下图，红车直接进四吃黑方底士将军，黑方可以退中士吃红车，我们应该怎样破局呢？

　　仔细看棋盘，除了红车可以吃棋之外，我们还可以用红炮吃棋，让红炮作为鱼饵，继续实施钓鱼行动。

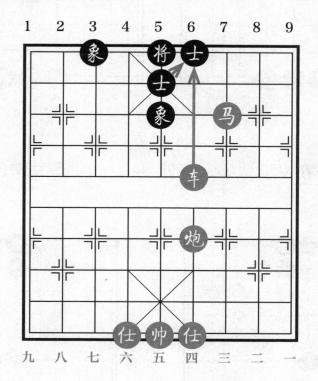

　　我们来演示一下钓鱼行动的操作步骤：先用红炮吃黑方底士，放下鱼饵，诱惑黑方退士吃红炮，黑方上钩我们再进车吃黑士将军。

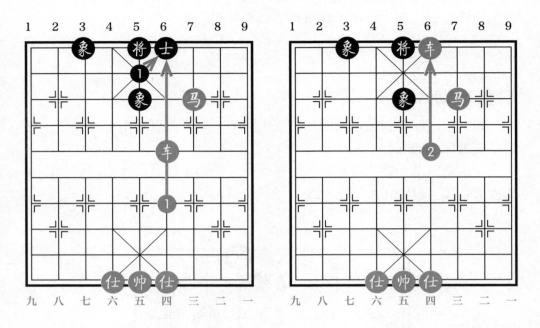

练习

　　小棋手，请你帮助红方走一步棋，以便红方之后运用钓鱼马作战法取胜吧！

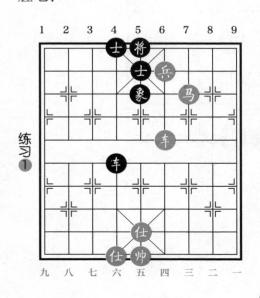

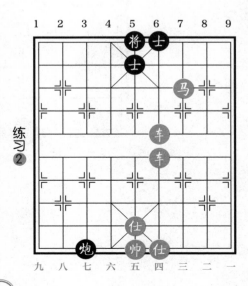

第3节　守方策略

仔细观察钓鱼马作战法，你就会发现红车必须在底线上将军，才能获胜。作为守方，应该用棋子守住底线。

保卫底线

回顾一下各个棋子的本领，有哪些棋子可以守住直线上的多个交叉点呢？

对啦！就是战力最强的车和远程战力炮，那它们应该怎样保卫底线呢？我们来看看下面两个盘面。

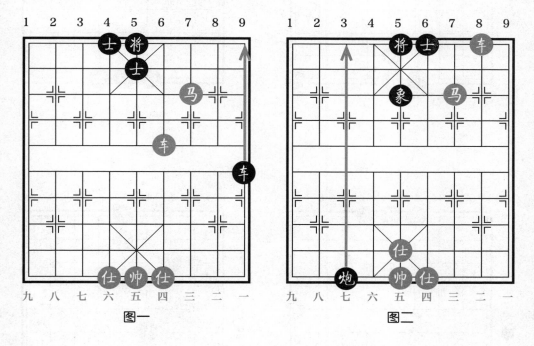

图一　　　　　　　　　　　　图二

如图一，边线上的黑车退5之后，回到黑车初始位置上，红车进四至底线将军，黑车就可以吃掉红车，以消将的方法解除将军局面。

如图二，黑炮退9之后，回到底线上，以黑将为炮架，守住底线上的黑士，红车吃黑士将军，黑炮就立即吃掉红车。

练习

小棋手，请你帮助黑方走一步棋，以防守红车的攻击吧！

练习①

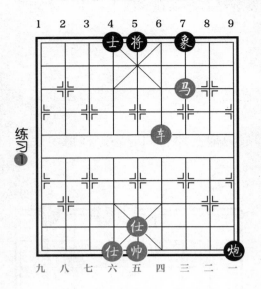

练习②

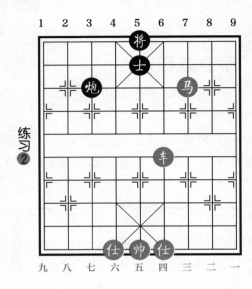

练习③

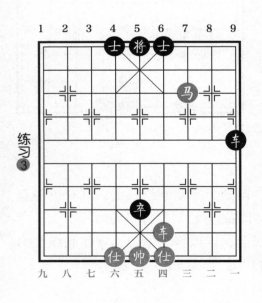

练习④

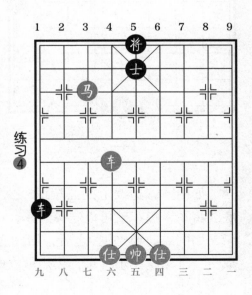

第 14 课
马炮的作战法
——马后炮

　　学习了车马的组合作战法，接下来，我们学习马和炮的组合作战法"马后炮"。

第1节 作战图

马后炮作战法是以马为炮架，用炮攻击对方的将帅。这种作战法的马要与将帅位于同一直线上，并且只间隔一个交叉点，让马控制将帅左右两个交叉点，炮控制将帅所处的直线。

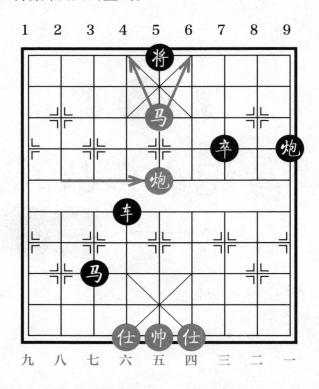

如上图，红马与黑将都位于中路上，且只间隔了一个交叉点，红方把骑河炮平移至中路上，这样黑将就无路可逃了。

再看棋盘上黑方的棋子，黑方无任何棋子可以吃掉红炮，也无法在红炮之前垫一颗棋子，黑方就被红方的马后炮将死了。

第2节 攻方策略

我们之前讲解的挂角马、卧槽马、斜肋马、钓鱼马都可以与黑将位于同一直线上，且间隔一个交叉点，因此，马后炮作战法有多种变化。

常见的马后炮形式有卧槽马式和挂角马式，接下来，我们来详细讲解。

马后炮的变化

卧槽马式马后炮：当黑将位于初始位置上时，红方应先使用卧槽马将军，让黑将进1，再把红炮移动至卧槽马后方。

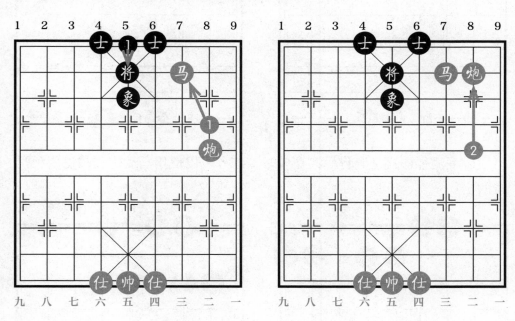

挂角马式马后炮：当黑方的一个底士在九宫中心时，红方可以用挂角马先将军，让黑将移动到肋道上来，再把红炮移动至挂角马后方。

注意，挂角马落子的那条肋道上，一定是没有黑士的哦！并且，需要用棋子牵制中士。

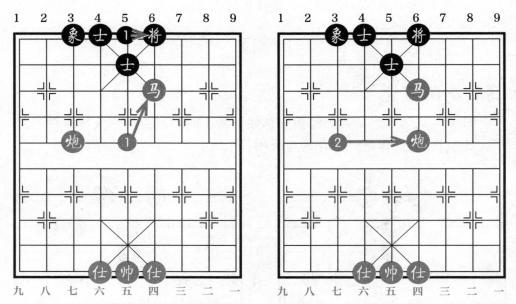

以下两种样式是黑将暴露在外时，红方可以使用马后炮作战法将死黑方的棋局。

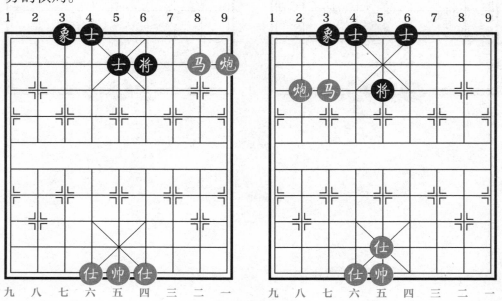

第3节　守方策略

　　小棋手注意了，避将和拆炮架都无法应对马后炮作战法哦！只有垫将和消将两种方法可以应对马后炮。

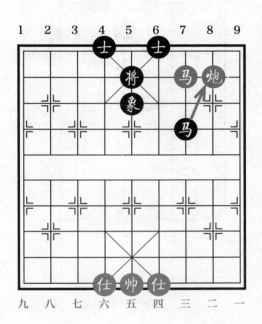

消将应对马后炮

　　如右图，红方以卧槽马式马后炮攻击黑将，黑方用黑马吃掉红炮，消除将军局面。

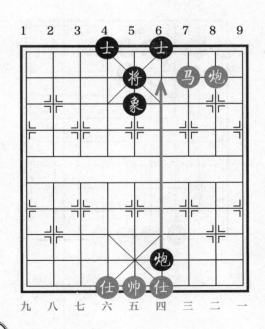

垫将应对马后炮

　　如右图，红方以卧槽马式马后炮攻击黑将，黑方退炮，垫在黑将与红马之间，红炮间隔两个棋子，无法攻击黑将。

练习

小棋手，请你帮助红方走动一步棋，让红方立即获胜。

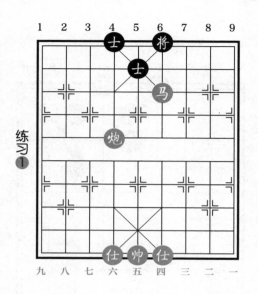

练习❶

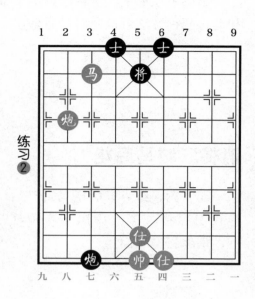

练习❷

小棋手，请你帮助黑方走动一步棋，让黑方解除被将军的局面。

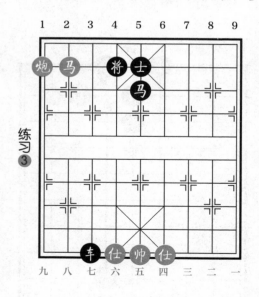

练习❸

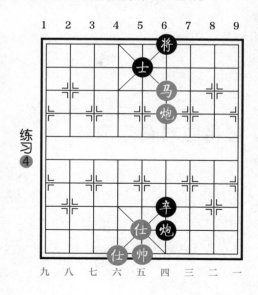

练习❹

第 15 课
车炮的作战法
——铁门闩

在我们之前的学习中，我们已经了解了车马和马炮的组合作战法。现在，让我们一起来探讨一下最强战力的车和远程战力的炮是否可以携手合作，以及它们的威力是否强大。

第1节　作战图

当车和炮联合作战时，它们形成了一种特殊的组合作战法，被称为"铁门闩"。我们来看下面的盘面，红方中炮牵制黑方中路上的黑象和黑士，底线上的红车将军，现在黑方有办法应将吗？

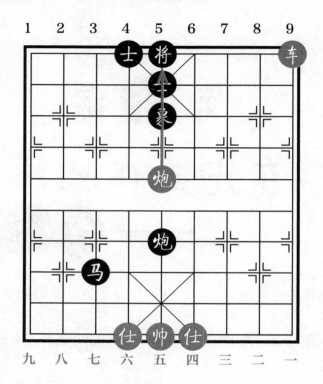

避将：黑将平6依旧在红车的攻击范围内。

消将：黑方没有棋子能吃掉红车。

垫将：黑方退士或者退象阻挡红车，红炮就可以吃黑将，黑士和黑象是被闩住的棋子，不能动。

这样分析下来，黑方没有办法应将，所以，黑方被将死了！这就是车和炮的组合作战法"铁门闩"，而红方的中炮就是铁制的门闩，牢牢地紧固着黑象和黑士，让它们无法应将。

第2节 攻方策略

炮作为牢固的门闩一定要是中炮吗？我们回顾一下中炮的作用，它的作用是牵制士和象的活动，而这个作用底炮也具有。接下来，我们来讲一讲底炮和车的组合作战法。

铁门闩的变化

如下图，红方底炮牵制黑方的底线上的士象，红车和红帅都在四路上。现在轮到红方走棋，红方是否能使用铁门闩作战法取胜呢？

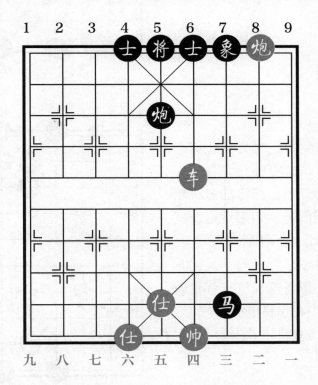

答案是肯定的，我们来往下看，学习红方的进攻思路吧。

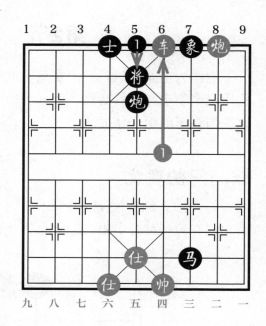

1 车四进四 **1** 将5进1

　　红车进四吃掉黑士，并且将军。现在，红炮和红帅都在保护红车，黑将不能吃红车，只能进1避开红车。

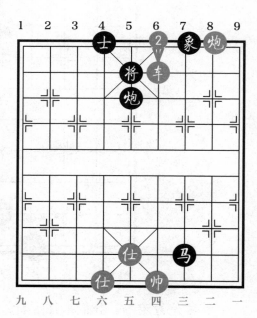

1 车四退一

　　红车退一将军，黑方只能避开红车或吃掉红车来应将。

　　黑将能避开吗？黑将前方有黑炮阻挡，不能前进。如果后退，就会被红炮吃掉，也不能后退。

　　那么吃掉红车可以吗？我们看红帅的位置，黑将吃掉红车就对面笑啦！棋盘上其他黑棋也不能吃掉红车，所以，黑方被将死了。

小 提 示

　　我们在下棋时，需要善于借用帅（将）的威力，以对面笑作战法威慑对方的将（帅）。

第3节　守方策略

作为防守方，守住底线是最佳的防守方法，我们来演示一下。

保卫底线

如图一，黑车守住底线，红车进五将军，黑车就可以吃掉红车，以消将的方式解除铁门闩的杀棋。

如图二，红方平帅至六路，想借助帅的威力做杀局，黑方用黑车守住底线破局。如红炮进四，黑车可以吃掉红炮，红炮平五，黑象就退7，红车进二吃黑士，黑将就进1。

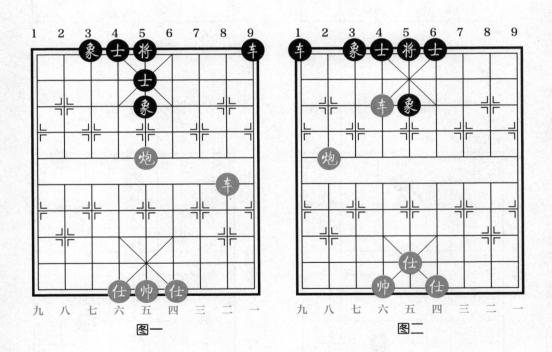

图一　　　　　　　　　图二

练习

　　小棋手，请你帮助红方走动一步棋，让红方立即获胜。

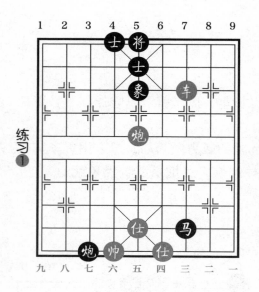

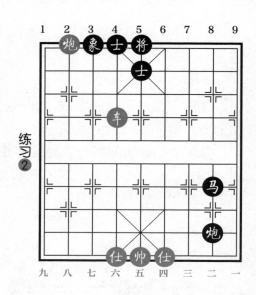

　　小棋手，请你帮助黑方走动一步棋，让黑方解除被将军的局面。

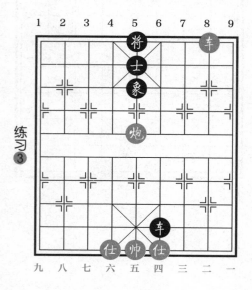

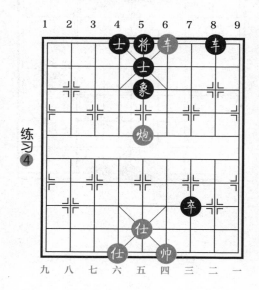

第 16 课

天地炮的组合作战法

　　第15课学习的是铁门闩作战法，在象棋中有一种作战法跟铁门闩作战思路相似，那就是天地炮。

　　接下来，我们来学习天地炮作战法，以及其他作战法与天地炮的组合作战。

第1节　作战图

我们先来看下面这个盘面，学习天地炮的作战思路。你也可以将天地炮与铁门闩进行对比，总结一下这两种作战法的相同点。

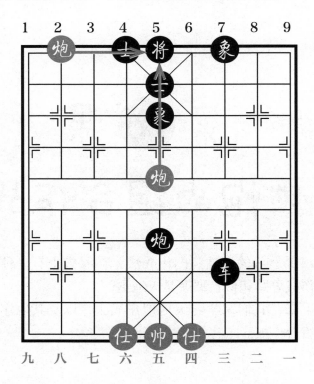

上图中红方就是使用天地炮作战法取胜的，我们来分析一下这种作战法的思路。

首先，红方中炮牵制中路上的黑士和黑象，其作战思路与铁门闩相同，目的是控制它们的活动，让它们无法应将。

其次，红方进炮至黑方底线上（称为底炮），以黑方的底士为炮架，对黑方将军。现在，避将、垫将和拆炮架这3种应将方法都无用，也没有黑棋能吃掉红方的底炮，所以，黑方被将死。

小棋手注意啦！底炮攻击黑将要以黑方底士为炮架，这是记住进攻方向的小技巧哦！

第2节 攻方策略

我们在运用天地炮作战法时，黑方可以通过垫子解除将军局面，此时，我们就需要将铁门闩和天地炮这两个作战法组合使用。

组合攻击

如下图，红方中炮牵制中路上的棋子，底炮将军，黑方退边线上的黑象，通过垫子解将。红方下一步应该怎样走棋呢？

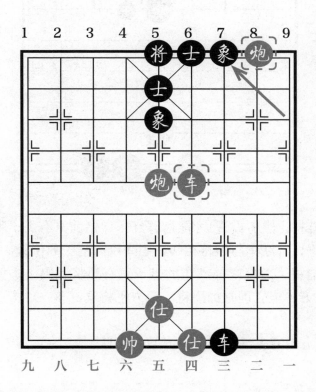

我们先观察红方底炮和肋道上的红车，现在，红方是否可以运用铁门闩作战法取胜呢？

接下来，我们来分析一下这种组合作战法的威力。

如下图，红方进车吃掉黑方底士，对黑方将军。黑方有方法解将吗？

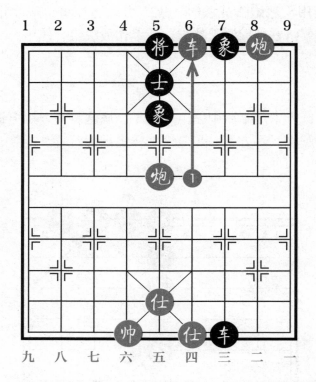

方法1：避将，黑将需进1才能避开红车，但前方有黑士阻挡。

方法2：垫将，红车与黑将相邻，中间没有落子的位置。

方法3：消将，可以吃掉红车的棋子只有黑将和黑士。但是，黑方退士吃红车，红方中炮立即吃掉黑将；黑方平将吃红车，红方底炮立即吃掉黑将。

所以，黑方没有方法解将，黑方被将死！

小提示

注意啦！如果红车不在肋道上，在对方阵营的宫二线上，就应该平车至中路，吃掉黑方的中士，也一样能获胜。

第3节　守方策略

当对手运用天地炮作战法进攻时，我们可以从两方面进行防守。

防守一：顺士象

在象棋对局中，顺士象有利于应对炮的攻击。现在我们先来看两个棋盘，先理解顺士象和花士象的布局。

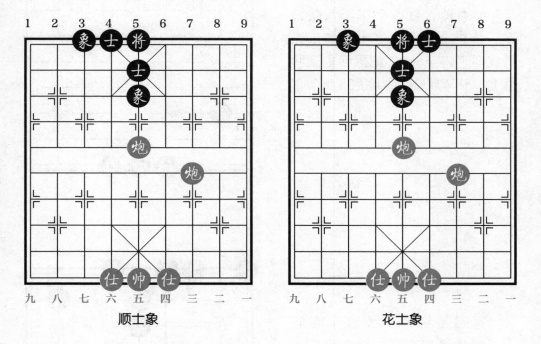

顺士象　　　　　　　　　　　　　　花士象

顺士象布局：一侧的士象防护中路，一侧的士象防护底线。

花士象布局：双士和双象在防护中路时，按照左右交叉形式分布。

注意啦！在对手用炮布局时，如果我们用花士象应对，对方可以在花士象的两侧攻击黑将，底线就成了该布局的漏洞。

防守二：抢先亮出将

仔细观察棋盘上的棋子，对手的炮能牵制我们的士象，是因为黑将在士象后方，如果黑将提前离开，士象的活动就不受限制了。

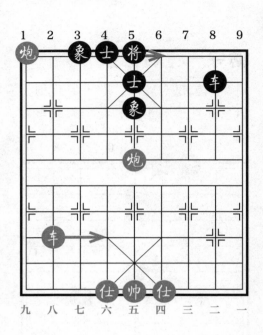

如右图，红方平车至六路，下一步棋会进车吃底士。如果黑将现在平将至6路，把黑将走到肋道上，红车还会继续吃底士吗？

答案是红方不会进车吃底士，因为黑将离开中路之后，红方中炮不能牵制中路上的黑士和黑象，它们可以移动了。

如右图，如果红方走"车六进七"吃底士，黑方就可以走"士5退4"吃红车。

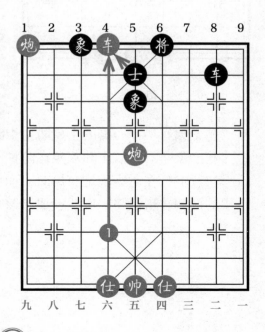

练习

小棋手，请你帮助红方走动一步棋，让红方立即获胜。

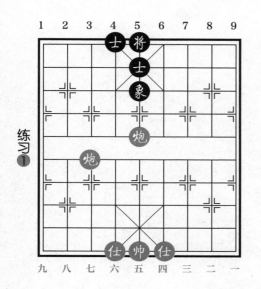

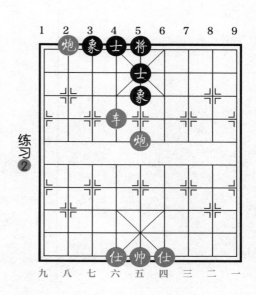

小棋手，请你帮助黑方走动一步棋，让黑方免受天地炮的威胁。

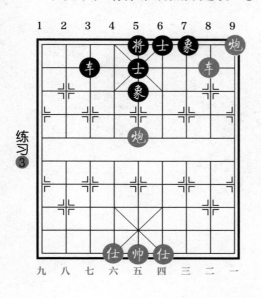

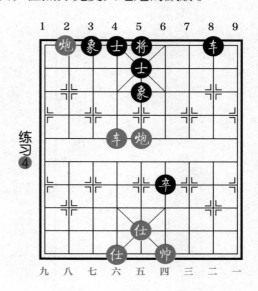